·插图版·

好妈妈不打不骂 养育男孩100个细节

晓　丹◎著

中国妇女出版社

图书在版编目（CIP）数据

好妈妈不打不骂养育男孩100个细节 ：插图版 / 晓丹著．-- 北京 ：中国妇女出版社，2020.1
ISBN 978-7-5127-1770-1

Ⅰ．①好… Ⅱ．①晓… Ⅲ．①男性－家庭教育 Ⅳ．① G78

中国版本图书馆CIP数据核字（2019）第175965号

好妈妈不打不骂养育男孩100个细节（插图版）

作　　者：晓　丹 著
责任编辑：陈　元
封面设计：尚世视觉
责任印制：王卫东
出版发行：中国妇女出版社
地　　址：北京市东城区史家胡同甲24号　邮政编码：100010
电　　话：（010）65133160（发行部）　65133161（邮购）
网　　址：www.womenbooks.cn
法律顾问：北京市道可特律师事务所
经　　销：各地新华书店
印　　刷：唐山楠萍印务有限公司
开　　本：145×210　1/32
印　　张：8.5
字　　数：198千字
版　　次：2020年1月第1版
印　　次：2020年1月第1次
书　　号：ISBN 978-7-5127-1770-1
定　　价：35.00元

前 言

没有教不好的男孩，只有不会教的妈妈

一提起妈妈，我们的内心中充满的是感动，从十月怀胎的辛苦，到二十几年的养育之恩，妈妈给我们谱写了一首首甜美的乐章。

大多数女性都会做妈妈，然而，每个妈妈却有不同的教育孩子的方式。作为一个男孩的妈妈，你的教育理念是先进的还是落伍的？你的教育是成功的还是失败的？……先别急着回答，我们不妨先看几个发生在你我身边的小故事。

故事一：

超市的收银台前排着长长的队，大家拎着购物篮有序地等待结款。可是，一个手握冰棍的小男孩却分开拥挤的人群，从队伍后面不停地向前挤。大家看到这种情况，纷纷皱起了眉头，暗中责怪男孩没有教养。有一位长者实在看不下去，便拦住了男孩，严肃地对他说："孩子，大家都在排队，你是后来的，应该站到后面去。"小男孩伸出手，指了指站在收银台外正向这边观望的一位女士说："我妈妈叫我这样做的，她说这样买东西快，省时间。"

故事二：

一个7岁的男孩和妈妈上了公交车。男孩在并不宽敞的车厢里钻来钻去，很多乘客差点儿被男孩绊倒。一位男士看到后，连忙站起来给男孩让座。男孩不客气地坐下，眼睛却瞥向窗外。一旁的妈妈看到后，连忙提醒："妈妈的好儿子，叔叔给你让座，快对他说

‘谢谢’！”男孩却问：“谁是我叔叔啊！我叔叔在深圳呢！”妈妈叹了口气，满脸堆笑地对让座的男士说：“我儿子被我宠坏了，不太懂事。”谁知妈妈的一句话让男孩很不高兴。他用脚踢了妈妈，边踢边说：“你才不懂事！你才不懂事！不许你说我！”

故事三：

有一位“神童”，天资聪颖，6岁就已经完成了小学课程，13岁考上了大学，17岁成了硕士研究生。然而，他在读研期间，因生活长期不能自理，被学校劝退。原来，神童的妈妈望子成龙心切，所以从初中到大学，她一手操办了男孩所有的生活事项。男孩也不懂得与人交往的礼仪，进别人屋不会敲门、逢人不愿打招呼……除学习成绩优秀外，男孩的各种能力都极度欠缺，因而被迫离开了校园。

在旁人眼中，故事中的孩子身上存在各种问题，而这些问题很大程度上与妈妈的教育不当有关。

举止文明、心智成熟、能力超群、善良懂事等特征是一个优秀的男孩应该具备的，成功的教育要实现这样的目标。

男孩不团结同学，不擅长交友，内心极度冷漠；

男孩不懂得关爱他人，不知道孝顺长辈，从来不会感恩；

男孩什么活儿都不会干，什么挫折都承受不了，严重缺乏生存能力；

……

如果培养出这样一个儿子，那么很大一部分责任都出在妈妈身上！

妈妈的教育在一定程度上决定着孩子的未来。在家庭教育中，母亲的角色非常关键，对男孩的影响也很深刻，从男孩的性格塑造、习惯养成、品行打磨、能力培养，到提升男孩的智商、情商、财商和学习力，妈妈都有着不可推卸的责任。因此，作为男孩的妈妈，首要的任务就是学习一些科学的教育方法和技巧。

方法一：孜孜不倦，注重对男孩的“心理抚养”

不少妈妈认为只要男孩学习成绩好，身体健康，其他的都是次要的。她们忽视了男孩在成长过程中的心理感受，更不要说关注其心理健康了。可男孩毕竟还小，他们还不懂得如何自我调节，不懂得如何适应竞争激烈的社会，若妈妈不注重对他们的心理抚养，那么男孩就很容易在成长中出现偏差。

作为男孩第一任老师——妈妈，你一定要明白，教育孩子要从读懂孩子的心开始！只有走进男孩的内心，深入地了解男孩的心理状态，才能有效地解决男孩的成长烦恼，提升男孩的心理素质，对其进行科学的引导与培养。

方法二：不打不骂，与男孩建立良好的亲子关系

在教育界有一句名言：好的关系胜过许多教育。

那么，什么是良好的亲子关系呢？

简单说来，就是爱和自由。所谓“爱”，是指深深地理解与接受，无条件地尊重男孩、理解男孩、信任男孩、接受男孩、宽容男孩。这样做，可以让妈妈同男孩之间的关系更亲密。

所谓“自由”，是指妈妈与男孩都要独立。妈妈不能用成人的想法去塑造男孩，更不要过于依恋男孩，要有各自的空间，才能让男孩独立成长。

方法三：循循善诱，引导男孩养成良好的习惯

习惯决定孩子的命运，现今家庭教育的一个核心任务就是让男孩养成良好的习惯。

大量事实证明，习惯是一种顽强的力量，可以影响人的一生。

孩子的一切都从习惯培养开始。例如智育，其实就是良好的思维习惯的培养；德育，就是细小的行为习惯的培养。因此，哲学家培根说：“习惯是人生的主宰。”我国著名教育家叶圣陶也说：“教育就是培养习惯。”

当然，良好习惯的养成有一个过程，妈妈对男孩的起点要低、要求要严、矫正要勤，这样才能塑造出一个正直、诚实、责任心强、有爱心、有能力的人。

方法四：对症下药，教男孩爱学习、会学习、学好习

“爱学”是“会学”的前提，而“会学”是“爱学”的保证，“会学”才能“学好”。可现在很多妈妈都不懂得教男孩学习的方法。

其实，男孩不爱学习只是表面现象，背后一定有原因。比如，男孩没有找到自己的优势，他的求知欲和学习潜能没有被激活，没有养成良好的学习习惯，没有意识到学习是他自己的事情……妈妈要找到背后的原因，再科学地帮助男孩走出厌学的阴影。

另外，妈妈还要引导男孩树立明确的学习目标，找到合适的学习方法，建立良好的学习习惯，如坚持预习和复习，制订学习计划，把玩耍和学习相结合，整理错题，进行课外阅读等。通过这些引导，才能真正提升男孩的学习力。

在教育子女方面，世界上没有绝对的权威，也没有唯一的答案。真正有用的教育方式是需要妈妈静下心来思考和提炼的，妈妈一定要有耐心和信心，这样，培养一个优秀的男子汉就不是遥远的梦想了。

目 录

第一章　走进孩子的世界，听懂男孩的心灵密码

第二章　不打不骂是妈妈必须掌握的教育智慧

第三章　好关系胜过好教育，与儿子实现无障碍沟通

第四章　抗挫力训练，让男孩成为人生大赢家

第五章　打造男孩一级棒的心理素质

第九章　责任感胜于能力，让责任感在男孩心中扎根

第十章　全面发展，让男孩拥有杰出的领导力

第十一章　打造超级学习力，让男孩更有竞争力

第十二章　全面提升男孩的思维能力

第十三章　财商决定男孩一生，教男孩驾驭金钱和财富

第十四章　立品修德，男孩的品格教育要趁早

第十五章　社交能力在一定程度上决定着男孩的成就

第十六章　科学进行性教育，让成长不再迷茫

第十七章　解读青春密码，陪孩子顺利度过青春期

第一章

走进孩子的世界，听懂男孩的心灵密码

1.剪刀、蜗牛和小狗尾巴——这就是男孩

曾有一位母亲这样谈到自己教育儿子的经历：我儿子从小就是个淘气包。在他3岁时，我送他去幼儿园，但没几天他就由于太顽皮被幼儿园老师劝退了。没办法，我只好把他送到了他奶奶家。在慈爱的奶奶面前，儿子的调皮行为变本加厉。白天，不管他是坐着还是站着，手脚都忙个不停，又抓又踢的。到了晚上也不消停，他会反反复复起床好几次，吵着要大人陪他玩儿，玩儿累了再睡，睡几小时又醒了。有一次，他戴着奥特曼的面具大叫一声突然出现在一个小女孩面前，把那个小女孩吓哭了。

现在，我的儿子已经上小学三年级了，可依然爱搞恶作剧。有时把我气坏了，会打他两下，他也当场表示悔过。可是第二天我又会见到他更调皮、更荒诞的小把戏。为此，我真的伤透了脑筋。

事实上，很多男孩都是这样的，自从学会走路就开始不断地制造麻烦。也正因如此，古希腊哲学家柏拉图早在2300多年前就说过这样的话："在所有的动物之中，男孩是最难对付的！"

可是你要知道，男孩从出生开始体内就具有雄激素，雄激素影响着男孩的身体发育、智力及情感。他出现的那些让你欢喜让你忧的行为，也与雄激素有一定关系。

如果你有一个男孩，那么你应该好好了解一下他：

他精力充沛，始终斗志昂扬；

他敢于突破，干劲儿十足；

他喜欢集体生活，十分团结；

他崇尚公平，富有正义感；

他的肌肉充满力量，天生喜欢各种运动；

他很少有悲伤的时刻，总是积极寻求快乐；

他的大脑充满奇思妙想，动手能力特别强；

他性格坚强，从头到脚都透着一股不服输的精神；

……

每个男孩都是与众不同的，他可能很敏感，有时会掉眼泪；他可能很固执，很难接受别人的建议；他可能太过慷慨大方，不懂节约开支；他可能有与他人不同的感受事物的方式、想问题的方式、学习的方式、游戏的方式等。只有对男孩的方方面面都有了清晰的了解，我们才能更好地帮助他健康成长。

然而关于“怎样读懂男孩”这个问题，没有人能给出一个确切的答案。不过，妈妈有必要记住这个原则：要永远做他体贴入微的护航人，特别是在他最需要关注、理解的时候。你要时时体察他生活中可能出现的各种问题，并在问题出现时，及时对事态做出判断。

方法一：充分地了解孩子

一位妈妈在儿子出生后就开始记录他生活中的点点滴滴。

我的儿子有一个很不正常的爱好——藏东西。我不知道他是怎么养成这个爱好的。不过从日常一些小事情来判断，我发现他是把藏东西当成了一种吸引人注意的手段，所以便没有制止他。有时我会故作惊讶地大叫：“天哪，哪个淘气包藏起了我的手机？”“哪个调皮鬼藏起了我的眼镜？”……当我说这些的时候，一直在用余光偷偷观察他，我注意到他一直在抿嘴笑。果然我猜得没错，他做这样的事情只是想让我给他更多的关注。

生活中，妈妈要对儿子有充分的了解。例如，他喜欢或不喜欢吃什么东西；他最喜欢的运动、课余消遣和游戏方式是什么；他有哪些特长；愿意去哪些地方；喜欢穿什么样的衣服等。这样，我们才会轻松地融入他的生活，更好地读懂他的想法。

方法二：用积极的态度看问题

马上要期中考试了，明明每天都学习到晚上10点才睡觉。考试的前一天晚上，钟表的时针已经过了12点，明明房间里的灯还亮着。妈妈不想让儿子熬得太晚，便进入他的房间催促他睡觉。谁知，她被眼前的一幕气坏了。明明根本没有学习，而是全神贯注地在看足球比赛。经过严厉的询问，妈妈才知道，这些天来，儿子学习是假的，看体育节目才是真的。明明的妈妈强制性地关掉了电脑，并狠狠地训斥了儿子一顿。对于第二天的考试，她已不抱任何希望了。

就这样过了一个星期，考试的分数下来了，明明拿着考卷兴高采烈地进了家。明明的妈妈简直不敢相信，每天看电视的儿子竟然排进了班级前10名。

不要把孩子看得太低。有时，妈妈应该让孩子自己决定该做些什么以及如何去做。也就是说，妈妈应该用积极的态度去看一些问题。

2. 从小小孩到男子汉——男孩成长的三个关键期

任何一个男孩都不是一夜之间长大的，他变好或变坏都有一个循序渐进的过程，这一点无论古今中外都是如此。男孩在成长过程中主要会经历三个阶段。妈妈应该充分了解这三个阶段中男孩的心理及生理特征，以便在孩子最需要帮助时伸出援助之手。

第一阶段：0～6岁

通常来说，男孩在6岁前都有一个共同点——非常需要母亲的关爱和教育。这个对世界充满好奇的小生命，喜欢被妈妈抱在怀里，喜欢妈妈和自己说话，喜欢被妈妈逗得咯咯直笑；喜欢撒娇，希望妈妈能时时陪在自己身边……因此，对6岁前的男孩来说，妈妈要多给予关爱。

第二阶段：7～13岁

男孩过了6岁，行为上会发生一些变化，他把自己幻想成“蜘蛛侠”“变形金刚”“奥特曼”……喜欢挥舞着玩具刀枪，并为每一次“打斗”配着音：“我是超人，看我的，啪啪啪……”

男孩之所以如此，是因为他在这个年龄段开始尝试着成为男人，他在兴趣与爱好方面越来越像父亲。他更喜欢和父亲或其他男性在一起，想向他们学习，想模仿他们。

第三阶段：14～18岁

这个阶段的男孩，要完成从幼稚到成熟的转变。此时，男孩进入了生长发育比较迅猛的时期，在雄激素的作用下，他的身体会发生一系列显著的变化：

他的身体轮廓逐渐明显起来；

他的肩膀变宽，周围的肌肉渐渐出现新的线条；

他的四肢的骨骼延长并更加结实了；

他的嗓音由稚嫩的童音变为低沉的音调；

他渐渐长出了喉结，生出了胡须；

……

在这个阶段，男孩向往更广阔的世界，喜欢具有吸引力的事物，但是他的价值观还没有完全形成，这就要求妈妈正确地引导男孩，为他解答成长中遇到的疑惑，避免让他陷入抽烟、喝酒、打架等事件中。

通过以上介绍，各位男孩妈妈已经了解了男孩成长的三个阶段，以及每个阶段自己所肩负的责任。那么，具体应该怎么做呢？

方法一：多多亲近你的孩子

一个妈妈这样讲述她的教子经历：

我非常幸运，生了一对龙凤胎。虽然他们同时降生，但在表现上差别还是很大的。我的女儿很少哭闹，但我的儿子就大不一样了：他常常动个不停，有时还会对我晃起小拳头，只有我来到他身边，将他抱在怀里时，他才好一些。

后来我意识到，与我的女儿相比，我的儿子更需要我的安抚、拥抱和亲吻。可见，与养育女孩相比，养育男孩需要更多的耐心……

妈妈一定要抓住孩子出生后最初几年的美好时光，多多亲近你的孩子，比如常常拥抱他，和他交流，给他讲故事……在母爱的包围下，男孩会更有安全感，他的大脑也会发育得更完善。

方法二：进入男孩的世界，体会他的感受

一天，4岁的齐齐突然拉起妈妈的衣角问："妈妈，你不是答应我今天给我买拼图积木吗？"齐齐妈妈正在厨房忙着收拾碗筷，一看到齐齐进来"捣乱"，于是有点儿不耐烦地说："儿子，快出去，这里脏，我一会儿忙完就过去陪你。"齐齐噘着嘴进屋了。

过了一会儿，齐齐妈妈忙完了厨房里的活儿出去看齐齐，却发现他正满脸泪痕地蜷在角落里。妈妈问："你怎么哭啦？"齐齐说："你骗人，你说好给我买拼图积木！但到现在都没有给我买！"妈妈仔细地回忆了一下，自己好像确实说过这样的话。对此，妈妈感到有些愧疚，答应齐齐明天给他买。

不要以为男孩还小，什么都不知道，其实他非常细心和敏感。妈妈有时会忘记自己随口许下的承诺，但男孩却偷偷地记在了心里。他总在默默关注着妈妈的一举一动，并希望妈妈也对自己多一些关注。因此，无论男孩处于哪个阶段，妈妈都要善于体会他的感受，满足他的合理需求。

3. 精力旺盛的“淘气包”，与睾丸素有很大关系

男孩的世界究竟是怎样的？为什么他每天都有那么多新奇的念头？为什么他总有花不完的精力？为什么他总喜欢和妈妈对着干……是什么驱使男孩表现出这些特征的呢？在一定程度上，这些与他们体内的睾丸素有很大关系。

睾丸素是一种性激素，男孩在睾丸素的影响之下，会呈现出与女孩截然不同的特征。

一本生物学著作这样描述睾丸素与男孩之间的关系：

当男孩还在妈妈的肚子里时，他体内就已经形成了睾丸素。由于这种雄激素的存在，男孩的男性特征开始显现，比如，他的睾丸和阴茎开始发育；

男婴出生后，他体内的睾丸素分泌正处于高峰期，几乎相当于一个12岁男孩体内的睾丸素含量。睾丸素促使男婴的身体快速发育，从而具备更多的男性特征；

当男孩大约4岁时，在睾丸素的作用下，他可能会出现与人打斗、冒险等行为；

当男孩在11～13岁时，他体内的睾丸素含量再次急剧上升。

大量的睾丸素促使男孩的身高增长、体重增加，还会促使长胡须、出现喉结等男性特征的形成。

作为男孩的妈妈，如何才能既促进儿子顺利发育，又保护孩子的安全呢？

方法一：允许精力过剩的男孩玩“打架游戏”

睾丸素让男孩变得好动、喜欢打斗。对此，妈妈不要过于抱怨，也不要过多阻拦，除非他正在进行特别暴力、危害自己或他人健康的行为，正确的做法是让男孩把过剩的精力宣泄掉。

一个妈妈这样讲述自己的教子经历：

一次，我看见我的儿子与他的好朋友强强打了起来，他们挥舞着手臂，互相拍打着。我当时连忙将儿子拉到一边，给他讲了很多道理，比如小伙伴之间应该团结友爱、互相帮助等。儿子点头答应：“妈妈，你回去吧，我知道了。”

我相信了他，便起身往家走。可没走几步，我发现这两个男孩又厮打在一起了。我怒气冲冲地将他们拆散，并询问他们打架的原因，但他们只是觉得这样好玩儿。我当时真的疑惑了——只是好玩儿而已吗？

生活中，妈妈与其通过禁止的方法，还不如让男孩将其过剩的精力完全地宣泄出来。只有这样，他才肯静下心来做其他的事情。

在男孩想要与人“打斗”时，妈妈可以制订一些规则，你可以这样对儿子说：

“你可以与小朋友们玩‘打架游戏’，但不能伤害别人，也要尽力保护自己不受伤；你不能使用太尖或太硬的‘武器’，否则就是破坏了‘游戏’的规则；在玩‘打架游戏’的过程中，如果你觉得自己体力不行时，要随时喊‘暂停’进行适当的休息。当然，你也要允许你的‘对手’这样做……”

要知道，大多数的男孩其实是很讲规则的，如果有事先制订的规则可以遵守，他们一般都会在规则范围内玩游戏。

方法二：正确引导，淡化男孩追求刺激的欲望

一个7岁的小男孩讲述了这样一件事情：

每当我碰打火机的时候，我的妈妈总是会对我大呼小叫。我不明白她为什么那么讨厌我动打火机，可是我真的想知道，火苗是怎么从打火机里钻出来的。

有一次，我趁妈妈出去的时候，偷偷拿起了打火机。真是神奇啊，我学着爸爸的样子按动打火机，火苗便呼呼地钻出来了。幸好我动作灵活，否则就烧到眉毛了。

我正玩儿着，就听见门响了，妈妈回家了，我马上将打火机放回原处……

男孩喜欢寻求刺激，挑战极限，反复体会刺激的感觉。比如，射击、滑翔机、滑板、赛车等项目都是他们的最爱……毕竟我们无法每天24小时都守在孩子身边，留心他们的行为，所以，妈妈应该采取正确的引导方式来淡化男孩追求刺激的欲望。

如何淡化呢？妈妈可以在日常生活中多关注男孩行为中积极的一面，并给予真诚的肯定，引导他朝着优势的方向发展，慢慢地，他的冒险欲望就会减弱。大家可以参考下面这位母亲的做法：

一个男孩的妈妈发现自己的儿子特别喜欢蜘蛛侠，便这样同孩子聊天："儿子，你最喜欢蜘蛛侠哪里呢？"男孩不假思索地说："我最喜欢他的手，可以生出很多丝线，有了那些丝线，他就可以飞来飞去。"妈妈摇着头说："会飞的东西很多，你为什么喜欢蜘蛛侠呢？"男孩想了一会儿，说："因为他很正义，很善良，也很勇敢！"妈妈听后露出了笑容，说："这就对了，他之所以成为英雄，不仅仅因为会飞，主要是因为这些优秀品质。假如拥有了这些

品质，你也可以成为大家心中的‘蜘蛛侠’。”

此后，儿子变了许多，比从前懂事多了，常常主动帮妈妈干家务，帮同学们解决困难，他用自己的方式成了大家眼中的“蜘蛛侠”。

其实，读懂男孩并不难。如果妈妈越是关注他的冒险欲望，他的冒险行为往往会越来越多；但如果妈妈试着关注他行为中的积极方面，例如，在冒险的同时，看到他的创造性，那么男孩寻求刺激的欲望大部分都会通过创造行为表现出来。这既减弱了男孩的冒险欲望，又能增强男孩的创造行为。因此，当你正在为儿子的冒险欲望而苦恼不已时，可以多去关注并鼓励他行为中的积极方面。

4. “电视机里装着小人吗”——男孩的探索心理

生活中，我们总会听到妈妈们有意无意地说出以下这些话：

“我家那个小祖宗，简直就是个破坏王，昨天刚给他买的电动玩具车，没两天就被他拆得七零八落，尸骨无存了。”

“我真纳闷，不知道儿子和家里的闹钟、收音机、电视机有什么深仇大恨，他总是想着怎样把它们大卸八块。”

“儿子最近总是有很多问题，一会儿问我地球为什么不掉下去，一会儿又问月亮为什么总在晚上出现。就算我能回答出几个，可不能个个都答得出来，都快被他‘问死’了。”……

事实上，上述现象不过是男孩探索心理的表现。

不过，有些妈妈就不理解了：“难道男孩的探索心理就是搞破坏吗？”当然不是，一位儿童心理学家曾经指出，男孩具有“破坏性”，其原因大致有两种，一种是因为好奇而破坏，另一种可能就是故意破坏。因此，妈妈一定要正确认识男孩“破坏性”行为背后的真正原因，然后“对症下药”，这样才能正确地引导男孩。

方法一：正确对待“破坏小子”的好奇心

8岁的男孩廷廷不但是有名的“破坏小子”，见什么拆什么，更是“十万个为什么”。从早到晚他都在问：“妈妈，为什么树会长叶子？”“妈妈，电视里怎么会有人说话？”“这个是为什么？”面对儿子数不清的“为什么”，妈妈本就很头疼，谁知这小子竟然为了找到答案，进行拆机器等“破坏”活动，结果害得妈妈一天到晚为他收拾“烂摊子”。

这样的男孩固然会给妈妈增添一些麻烦，但也正是这种带着探索心理和好奇心理的“破坏”和“疑问”，推动着男孩主动去获取知识。因此，当你的小男子汉对周围的事物产生兴趣，并且想要探知究竟时，你应该及时给予鼓励和回应：“儿子，你真了不起，竟然能注意到这一点。不过这到底是为什么呢？我们想办法寻找答案吧！”

男孩在得到妈妈的认同和鼓励后，一定更加有兴趣探知其中的秘密，而此时如果妈妈能进一步给男孩提供正确的获取知识的渠道，教会男孩解决问题的方法，那么男孩不仅会尊重知识、获取知识，更有利于培养男孩的思维能力、创新能力、解决问题的能力等。

方法二：尊重和理解儿子的“破坏能力”

小明小时候很顽皮，有一次在家里客厅的墙壁上画了很多画。爸爸妈妈看到后，没有暴跳如雷，妈妈说：“儿子，你在墙上画了这么多画，看来有一定的绘画才能。不过，我清理起来很辛苦呀！”爸爸接着说：“我明天给你买个画板，以后咱们在画板上画，妈妈就不会这么辛苦了！”小明说：“好的，爸爸妈妈，我错了！”

试想一下，如果父母看到小明的“破坏行为”后对他一顿大骂，那么很可能会打击孩子的积极性。因此，妈妈应该学着尊重和理解儿子的“破坏能力”，与他平等地进行沟通，进而用正确的方式、方法去探索、去发现。

方法三：发现并挖掘儿子“破坏性”背后的天赋

妈妈或许不知道，男孩“破坏性”行为背后隐藏着很多潜能，如果正确加以引导，其创新能力、探索能力、思维能力、动手能力等都能得到提高。

一个妈妈这样讲述自己的教子经历：

我儿子从小就和别的男孩不一样，他不喜欢手枪、汽车等男孩标志性的玩具，却特别喜欢玩积木，但有时他把妹妹组装好的积木推倒，自己再重新设计一个。女儿被儿子的这种行为弄得大哭，我安抚好女儿之后，并没有直接训斥儿子的“破坏行为”，而是一点点地把儿子的这种爱好引向正路。例如，我会经常带他参观一些独特风格的建筑，给他买图片书，和他一起玩搭积木的游戏，并比赛谁搭出的积木又好又快…… 渐渐地，儿子对那些“小房子”产生了兴趣。更让我欣喜的是，他自己在学校搭建的建筑模型竟获得了一等奖，而且从此之后，儿子真正爱上了建筑，希望将来成为一名优秀的建筑师。

这真是一个非常明智的妈妈，她不但没有批评儿子的这种“破坏行为”，相反，她看到了儿子对建筑的兴趣。于是，她鼓励儿子继续发展自己的这种兴趣，并且运用恰当的方法引导他真正爱上建筑，或许在将来这个小男孩真的会成为一名出色的建筑师。

真是烦死人了！我刚离开一会儿，你就在墙上画画，以后不许这样了！
男孩本来就应该这样，长大就好了。
就是，男孩小时候都这样。
儿子，你在墙上画了这么多画，看来有一定的绘画才能。不过，我清理起来很辛苦呀！
我明天给你买个画板，以后咱们在画板上画，妈妈就不会这么辛苦了！
好的，爸爸妈妈，我错了！

5. “让我来拯救地球吧”——男孩的英雄情结

“你最希望成为什么呢？”面对这个问题，也许十个男孩有十个不同的答案：“我最希望变成奥特曼，打败怪兽，拯救人类！”“我希望成为蜘蛛侠！”“如果我是变形金刚就好了！”……无论男孩们的答案是怎样的千奇百怪，最后都有一个共同点，那就是——“我想成为英雄”。

其实，每个男孩心中都有一个英雄梦，而这个英雄情结也一直在影响着他们的现实生活。相信很多家有男孩的妈妈都遇到过和下面这位妈妈类似的事情：

周末，我带着8岁的儿子去商场买衣服。一走进儿童服装专卖区，我就拿着一件最新款式的衣服问儿子：“儿子，你喜欢这件衣服吗？这件衣服看起来真不错，是你最喜欢的颜色。”谁知小家伙只是瞅了他面前的衣服一眼，然后很干脆地说：“这些我都不喜欢！”

“为什么呀？这些衣服看起来都不错啊！那这件呢，是你最喜欢的运动款！”我又拿起旁边的一件衣服。

这次，儿子根本看都没看就走开了。后来，儿子走到一个小货架前，拿着一件质量不太好的上衣来到我面前说：“妈妈，我要这件，这件有奥特曼！”虽然我有些介意这件质量欠佳的衣服，但是儿子执意要我买下它，而且一回到家就兴奋地穿上新衣服，跑到外边“显摆”去了。这件带有奥特曼图案的衣服从此之后几乎成了儿子的专属服装，他经常穿在身上。

为什么男孩喜欢奥特曼呢？奥特曼是日本制作的科幻英雄片

我要那件有奥特曼的衣服。
不行，那件衣服质量太差，穿着肯定不舒服，还是这件好。
我要那件有奥特曼的衣服。
哇！原来我儿子想做大英雄，好，妈妈支持你。

里的人物，是一个为了维护世界和平而与各种各样的怪兽作战的英雄。因此，对于男孩们来说，奥特曼就是他们心中的英雄。男孩喜欢英雄，更喜欢当英雄，他们之所以迷恋奥特曼，就是迷恋奥特曼身上的英雄气概。也许很多男孩子并不真正了解什么是英雄、什么是正义，但是他们渴望在现实中得到人们的认同和激励。那么对于男孩的这种英雄情结，妈妈应该怎样正确对待呢？

方法一：满足儿子当英雄的“雄心壮志”

6岁的齐齐是一个特爱打抱不平的男孩，平时最喜欢当英雄。有一次，妈妈下班刚回到家就听到爸爸对齐齐说：“你这孩子怎么这么不听话，整天就知道和小朋友打架？”原来齐齐今天和班里的“小霸王”打了一架，结果弄得自己受了伤。

妈妈没有加入爸爸训斥儿子的“阵营”，而是温和地问儿子：“齐齐，能告诉妈妈，你为什么和小朋友打架吗？”

齐齐噘着小嘴说：“张强欺负其他小朋友，我去制止他，然后我们就打起来了！”

“儿子，你做得非常对，简直就是个小英雄，妈妈佩服你！”妈妈笑着对儿子说。

齐齐不解地看着妈妈说：“可是老师和爸爸都说打架的孩子不是好孩子！”

“你这是英雄行为，妈妈当然应该鼓励你。不过，老师和爸爸也没有说错，打架并不是解决问题的最好方式，你可以先和欺负小朋友的张强讲道理，也可以和周围的小朋友一起跟他讲道理。如果大家团结起来反对他，他就不敢再欺负别的小朋友了，你说对吗？”

齐齐听完妈妈的建议后，认同地点点头。

男孩爱逞英雄并没有什么错，至少说明孩子心里有一股强烈的正义感，而这就像一簇小火苗，如果妈妈能够恰当地守护和引导，那么这一点儿小火苗就可能成为温暖自己、照亮他人的正义之光。所以，当男孩因为打抱不平和别人打架时，妈妈先不要急着批评他的打架行为，而要先表扬他的英雄行为，肯定儿子“你这样做是对的”，即满足男孩的英雄心理。

另外，妈妈要学会在男孩面前“示弱”，让男孩做一些力所能及的事情，培养他的自理能力，例如，出门在外时让男孩帮妈妈带路、帮爷爷奶奶拎东西……这样不仅能满足男孩想当英雄的心理，而且有利于培养他的男子汉气概。

方法二：以男孩心目中的英雄为榜样，改正他的缺点

生活中，妈妈可以利用男孩心目中伟大、神圣又能力出众的英雄，抓住男孩崇拜英雄的情结，让男孩轻易地改正自己的缺点。

宝宝是一个很听话的男孩，但是有一个不好的生活习惯——赖床。每天早上，无论闹钟怎么响，妈妈怎么一次又一次地喊他，他都懒懒地说：“睡五分钟，再让我睡五分钟。”结果，十分钟过去了，这个“小懒猪”还躺在自己的被窝里。

后来，妈妈想到了一个好主意。她知道宝宝一直把奥特曼当成自己的偶像，于是一天早晨妈妈对赖床的宝宝喊道：“奥特曼，怪兽来了……”宝宝一听妈妈的话就来了精神，还在被窝里笑了起来，两分钟后，他便大声回应妈妈：“我是奥特曼，妈妈是怪兽，我要代表正义消灭你，呵呵！”说着就从床上爬了起来。

男孩身上可能有一些缺点，像挑食、没礼貌、不讲卫生、注意力不集中等，如果妈妈能够借助英雄的口气、英雄的行为去教育儿子，不仅能让他很快地改正自己的缺点，而且能让他学到英雄身上更多积极向上的东西。

6. “我就是要当老大”——有的男孩具有领导欲

一个养育了一儿一女的妈妈在育儿日记里这样写道：

儿子出生之前，我一直认为养儿子和养女儿是一样的。因为有养育大女儿的经验在先，所以等到养儿子的时候，我也采用了同样的育儿方式。可是现实告诉我，养儿子和养女儿是两码事。其中，最让我印象深刻的就是儿子身上所表现出的领导欲。

平时，5岁大的儿子总是对7岁的女儿说：“你要听我的。”有时，他也会小大人般地对我说：“妈妈，你要听我的！”我真是想不明白，儿子这么小怎么就有这么强的领导欲呢？

这个妈妈的疑惑想必很多妈妈都有过——为什么有的男孩希望成为头儿呢？对于这个问题，心理学家已经做出了回答：有的男人每到一个新的环境，最关心的就是“谁是头儿”。他想知道这个新环境的规则是什么，当头儿有什么具体的条件，然后与自己现有的条件进行对比，确定自己如何才能成为这个新环境的领导者。

说到底，有的男孩的这种领导欲是一种竞争心理，而它会随着男孩的年龄、家庭环境、集体环境、社会环境等进行不断转化，如果妈妈能够在男孩小时候对他的这种竞争心理进行正确引导，那么他就会变得更加有进取心和上进心。那么，妈妈应该采取哪些科学而有效的方法来引导男孩的竞争心理呢？

方法一：给男孩当“领导”的机会

俊俊是家里的“周末监督员”，不过，他和别的监督员不一样，他不负责监督坏行为，而是监督、搜集爸爸妈妈的好习惯。所以，每到周末，俊俊就变成了一个“小侦探”，满屋子转悠搜寻爸爸妈妈的好习惯。此刻他正在厨房里，跟在正做饭的妈妈身边，观察妈妈怎样洗菜、切菜，有时还帮助妈妈倒垃圾。该炒菜了，妈妈就让俊俊到客厅去找爸爸的好习惯，因为炒菜的时候厨房的油烟味太大了。

俊俊一到客厅，就看到爸爸正从烟盒里抽出一支烟，可爸爸一看到他，尴尬地笑了一下，就把烟又放了回去，俊俊马上把爸爸的这一行为记在了自己的监督本上。

晚上，俊俊像往常那样把爸爸妈妈召集到了客厅，开始了每周由他主持的家庭总结会议。他煞有介事地对爸爸妈妈说："爸爸妈妈今天表现得都很棒，妈妈洗菜很干净，而且很关心俊俊，怕我被油烟熏到；爸爸也很乖，今天没有吸烟。"爸爸妈妈听到儿子的夸赞会心地笑了，而俊俊也在耳濡目染之中学会了爸爸妈妈的这些好习惯。

有些男孩天生就有领导欲，而且一旦在现实生活中他们当上了"领导"，就会全心全意地把自己的工作做好。俊俊的父母正是利用了儿子的这一心理，很聪明地让儿子当家里的"领导"。其实，他们是在用另外一种方式教育儿子什么是好习惯、哪些事情应该做、哪些事情不该做。也正是在父母的这种巧妙教育下，俊俊身上的好习惯越来越多，坏习惯越来越少。因此，妈妈一定要想办法给自己的儿子制造当"领导"的机会，让他在当"领导"的过程中增强认识问题、分析问题、解决问题的能力，并且培养自己良好的品行和习惯。

方法二：赞赏男孩想要当"头儿"的心理

"妈妈，我想当班长！"8岁的儿子刚回到家就兴冲冲地对坐在沙发上的妈妈说。可是，妈妈只是斜看了儿子一眼，口气轻蔑地说："你想当班长？ 你根本没这本事，别做梦了！"

儿子有没有本事，可不是妈妈一句话就能下定论的，但是妈妈这一句“你根本没这本事”会严重打击儿子的自信和热情。也许，你的儿子年龄还小，也没有什么过人的能力，而他却经常向你讲起他的目标和梦想，以及他想赢过谁、取得怎样的成绩。这时，你千万不要胡乱搪塞他，更不能打击他，因为男孩在这一方面是十分敏感的，漠视、打击和批评都会让他受到伤害，所以你应该做的就是赞扬、肯定和鼓励他。你应该坚定地对他说：“儿子，你这种想法真是太棒了！妈妈相信你能凭借自己的努力达到目标！”相信他在得到你的尊重和肯定之后，一定会带着更多的自信心和热情朝着目标前进。

7. 男孩天生就是“冒险王”

《教育漫话》一书的作者英国哲学家洛克认为：“当孩子年龄较大之后，他就应该去做他天性中不敢做的更勇敢的事。最初要帮助他逐渐让他去做，直到练习产生了较大的自信力，做得好了为止。”洛克是要让妈妈激发男孩的冒险精神，但也有很多妈妈认为男孩不应该太冒险。

其实，男孩体内的冒险因子是天生就有的，很多养育过男孩的妈妈对此都有深刻体会：

一个刚刚蹒跚学步的小男孩，只要他能爬上去的地方，他就敢从那里跳下去；他会故意惹老师和父母生气；他喜欢装扮成超人和蜘蛛侠，把家里搞得一团糟……而且随着男孩年龄的增长，他会爱上一些富有冒险性的活动，如飙车、玩滑板、滑翔、攀岩等。

自然，男孩的这些冒险行为会让妈妈整日生活在忐忑之中，而且往往会对这些爱冒险的男孩束手无策，于是很多妈妈采取了一概阻止的办法。

男孩的冒险行为一定都是危险和有害的吗？当然不是，在教育男孩的过程中，他的行为是走向好的一面，还是走向坏的一面，和教育者的引导有着密切关系。如果妈妈能够真切了解儿子天生爱冒险的心理，并且采取正确科学的教育方法适时引导，那么男孩的冒险行为反而会提升他的创造力、竞争力，锻炼他坚毅、勇敢的品质，让他的人生变得更加精彩。

不过，很多妈妈并不知道怎么才能巧妙应对儿子那些看起来夸张甚至怪异的冒险行为。妈妈可以参考下面这些方法：

方法一：做个“善解”儿子冒险行为的好妈妈

一个明智的妈妈曾这样对待儿子的冒险行为：

7岁的瑞瑞忽然对电产生了兴趣，有一天，他竟然拿着一个小铁丝要去试插线板有没有电，幸好被妈妈及时发现。妈妈没有大声喝止儿子的行为，而是马上来到儿子的身边问：“瑞瑞，你在玩什么好玩儿的东西呢？来，妈妈给你找个更好玩儿的东西。”于是，妈妈就带着儿子来到了另一个房间，递给他一支试电笔。

瑞瑞拿着试电笔去接触插线板的插孔，结果试电笔上的灯立刻亮了，而当他把试电笔拿开的时候，灯又熄灭了。瑞瑞不解地问妈妈：“妈妈，这个灯为什么一会儿亮一会儿灭呢？”

这时，妈妈才认真地对儿子说：“儿子，你手里拿的是试电笔，它可以检测出插线板里哪些地方有电，哪些地方没电，而且它还可以很好地保护人的身体不被电到。如果像你刚才那样拿着小铁丝接触有电的地方，电就会伤害你，而如果你用带有绝缘体的试电笔，电就不会伤害你。”

瑞瑞想了一下，说："妈妈，如果我有绝缘体保护，是不是就不会被电电到？"

"瑞瑞真聪明，走，妈妈告诉你哪些东西是电的绝缘体！"

遇到以上这种情况，大部分妈妈采取的措施可能是打骂和斥责儿子："你这孩子怎么这么调皮，万一电到你怎么办？""臭小子，这多危险啊！""你就不能老实待着，整天就知道让我担心！"……

面对妈妈劈头盖脸的一顿训斥，男孩可能会很委屈，因为他只不过是想知道"电是怎么一回事"，但是妈妈的不良反应会马上打消他探索的积极性，而且越是得不到答案的事情他就越想知道答案，于是潜在的更大的危险势必会再次出现。

因此，妈妈在面对儿子某些看似很危险的冒险行为时，一定要冷静下来，想一想儿子这样做背后的原因是什么，站在孩子的立场上去尊重和理解他，然后和他一起解决遇到的问题。

方法二：教会你的"淘气大王"学会自律

一天，邻居的小妹妹刚走进房间，"淘气包"刚刚就拿起自己手中的塑料"宝刀"朝小妹妹打了过去，虽然小妹妹没有被打疼，但却被这突然出现的动作吓哭了，而刚刚则哈哈大笑起来。妈妈看到后，狠狠地批评了刚刚一顿。

不管原因是什么，这种无理的进攻行为都是不好的，妈妈必须及时让男孩明白，他的这种进攻行为是错误的，会给他人带来伤害。

当然，要让男孩学会自律需要一些方法，例如通过让男孩看一些电视片、故事，告诉他怎样的行为是正确的，进而培养男孩正确的价值观和道德观，让他学会用这些规范来约束自己的行为。

第二章

不打不骂
是妈妈必须掌握的教育智慧

1. 方法决定成果——妈妈需摒弃的教育方式

英国广受尊重的作家，曾著有《积极的养育方式》《激励你的孩子》等书的伊丽莎白·哈特利-布鲁尔认为：“尽管现今越来越强调遗传的力量，并承认同伴群体的影响，但妈妈和其他重要成年人仍然能够强烈地影响男孩子的成长，影响其自信心及对自己能力的看法，进而影响其整体自尊水平的高下。男孩子既可能与生俱来对生活和自己持有乐观倾向，也可能持有悲观倾向。与之亲近的成年人既可能使他变得更加强大，也可能让他变得更加弱小。”这段话从另一个角度说明，妈妈对孩子的教育方法在一定程度上决定其最终的教育成果。

事实上，每位妈妈都有属于自己教育孩子的独特方法，但总体上大概可以分为四种风格：权威型、专制型、纵容型、忽略型。这四种教育风格的表现如下：

权威型妈妈多表现为关心和倾听孩子，对孩子的需要能做出敏感的反应，能及时给予孩子帮助，在孩子心目中有很高的威信，彼此信任、尊重、理解。权威型妈妈教育下的孩子易于形成真诚、友善、自立、合作的品质， 而且有良好的社会适应能力和自我控制能力，较能自信、愉快地学习。

专制型妈妈多表现为严格控制孩子，并要求孩子无条件服从自己的各种要求，一旦违反，孩子就要遭受严厉的惩罚，不关心孩子的内心感受和想法。专制型妈妈教育下的孩子易形成行为上的两面性，并时常感到焦虑、不满、退缩、沮丧、自卑、悲观、对人缺乏信任等，还易产生攻击行为和报复心理。

纵容型妈妈多表现为溺爱孩子，她们从来不严格要求孩子。纵容型妈妈教育下的孩子易变得犹豫、霸道、任性、缺乏主见等，孩子内心常常焦虑不安，心理发展也不成熟，自控力差，缺乏应有的进取心和探索精神。

忽略型妈妈多表现为对孩子漠然、拒绝，更多时候沉浸在自我的需要中，对孩子既不关心，也不提要求，亲子之间缺乏应有的交往和沟通。忽略型妈妈教育下的孩子易产生多种行为问题，身心等都得不到健康发展。

对照上面提到的四种教育风格，你是不是已经知道自己属于哪种教育风格？如果你的教育方法是不正确、不科学的，那么可以参考下面这些方法加以调整和改正。

方法一：对男孩不要“总要求”

很多妈妈在教育男孩的过程中，为了使他更加出色，总是会对他提出各种各样的要求：“这次考试你要考100分！”“书你怎么不摆在这个位置？”……可能实际生活中男孩确实存在着这样那样的问题，但你“总要求”他去做事，很容易让他产生逆反心理。因此，妈妈在教育男孩时不要“总要求”。

豆豆是一个小学三年级的男孩，天性就比较好动、调皮，为了让儿子变成一个乖巧懂事的“小绅士”，妈妈采取的教育方式就是“总要求”。例如，每次送他去学校的时候，妈妈都要说：“豆豆，上课的时候不要做小动作。”“豆豆，上课要注意听讲。”“豆豆，老师提问一定要积极回答。”结果小豆豆每天都是皱着眉头去上课，而且妈妈要求他做的事情他一件也没有做。

看来妈妈“总要求”这种教育方法并不能真正达到教育孩子的效果，反而会引起反效果。

方法二：对男孩不要“总表扬”

现在人们提倡赏识教育，于是很多妈妈都觉得自己掌握了教育孩子的好方法，无论孩子做什么事情，总是说：“你真行！”“你真棒！”“你太了不起了！”以为这样就能夸出一个好孩子。其实，这种“总表扬”的教育方法容易出现两个极端，要么使男孩变得自大，要么使男孩对自己的能力产生怀疑。

有一个小男孩就曾在日记中这样写道：

今天放学回到家，妈妈就开始表扬我，我像往常那样给爸爸倒水，妈妈就说：“儿子，你真棒！”我去倒垃圾，妈妈就对我说：“儿子，你太了不起了！”可我真的不知道自己棒在哪里，了不起在哪里。妈妈最近一段时间老是表扬我，我好像没有做什么值得表扬的事情，我好迷惑啊！

2. 家长形成合力——家教讲配合，不能唱反调

6岁的亮亮最近对鱼缸里的鱼产生了兴趣，他总是喜欢用渔网将鱼捞来捞去。爸爸看见后，便把亮亮拉到一边，严厉地斥责他：“不要把小鱼捞来捞去，它会被你玩死的！”但亮亮不听，反而撒娇说：“我就要玩儿！”爸爸生气了，给了亮亮一巴掌，这可把一旁的亮亮妈心疼坏了。她对亮亮爸说：“你不用管儿子，让他玩儿吧。”……

案例中父母的做法是家庭教育中的大忌，非常不可取。

首先，他们在教子时不应该各执一词。这会让孩子对是非对错感到迷茫，产生左右为难的想法，不清楚自己该听谁的话，不知道

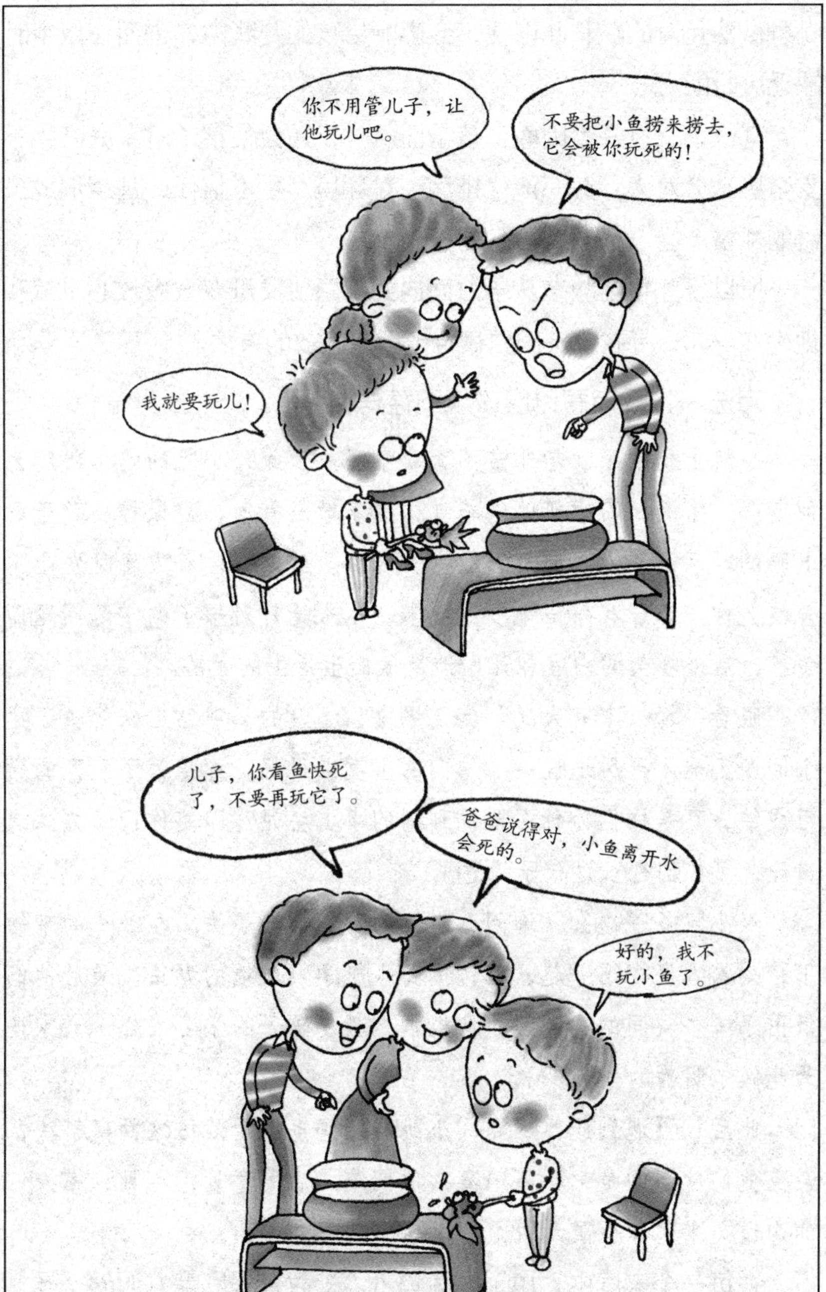
你不用管儿子，让他玩儿吧。
不要把小鱼捞来捞去，它会被你玩死的！
我就要玩儿！
儿子，你看鱼快死了，不要再玩它了。
爸爸说得对，小鱼离开水会死的。
好的，我不玩小鱼了。

哪种做法是对的。长此以往，会影响男孩的判断力，进而在做事时缺乏决断能力。

其次，父母常常因教育孩子而争执，还会使孩子对家庭产生不安全感，会对人际关系产生排斥，对环境产生不信任，甚至形成孤僻的性格。

所以，如果在教育孩子方面遇到问题，父母双方应该心平气和地坐在一起，寻找解决问题最合理、最有效的方法。

方法一：双方意见应该求同存异

小凯上初中了，却非常不喜欢学习。为此，小凯的妈妈决定为他请一个家教，而小凯的爸爸觉得请家教没有用，应该控制孩子玩电脑的时间，周六、周日送他去补习班。就这样，双方意见发生了分歧，你一言、我一语地吵了起来。本来是针对孩子的学习问题而争执，后来吵架的内容却开始涉及他们生活中的矛盾。

眼看一场“家庭大战”就要爆发，小凯的爷爷站出来解决了这个问题。老人严厉地说：“你们的出发点很好，都是为了孩子的学习成绩，可是你们为什么要说到别的事上去呢？即使你们的方法有道理，可你们征求过孩子的意见吗？”

经小凯爷爷这么一询问，小凯的父母低下了头。在爷爷的带领下，全家人坐在了一起，商讨提高小凯学习成绩的办法，最后他们做出了一个共同的决定——从根本上激发孩子的学习兴趣，大家还为此做了明确的分工。

此后，再遇到此类问题，小凯的妈妈也总是效仿这件事解决，最令他们欣慰的是，小凯很喜欢他们统一后的意见，可见，家人们的沟通交流发挥了很大的作用。

在每一个家庭中，由于生活背景、受教育程度等方面的差异，夫妻双方在很多问题上都会出现分歧，这是非常正常的事。但需要注意的是，在意见出现分歧时不要单纯地固执己见、否定另一方，也不要以孩子为筹码，去恶性攻击对方，说些伤害性、抱怨性的话。那样，不仅会破坏良好的夫妻关系，还会使好的初衷无法获得好的结果。正确的做法是抱着解决、商讨的态度，站在孩子的立场进行思考。

方法二：矛盾要背着孩子协调

教育要一致不是说不能有矛盾，只是有了矛盾要背着孩子协调，切不可把矛盾暴露在孩子的面前。

一个妈妈是这样解决类似问题的：

我是音乐老师，同时也是一个男孩的母亲。为了提高儿子的音乐素养，我准备利用周六、周日的时间，教儿子学习弹钢琴。孩子的爸爸知道我这个想法后，反驳我说："一个男孩学琴有什么用呢？不如参加一个外语班。"我们由此争执了起来，声音越来越大，吵醒了正在睡觉的儿子。他眯着睡眼走进我们的房间问："爸爸妈妈，你们在干吗呀？"

我首先冷静了下来，对孩子爸爸说："可能我有什么不对的地方，我向你道歉。"

孩子的爸爸一看我这个样子，又看看孩子，态度也来了个180度大转变，说："可能我也有错。这样吧，这个问题我们先放一放！"就这样，我们暂时把问题搁置在一边，等到儿子离开后，我们又开始了讨论，与上一次不同的是，这次我们的态度非常平和。

夫妻之间更应该积极主动配合，努力在孩子心中树立对方的威信。最好的办法是，在意见不统一的情况下，先将问题暂时保留，千万不要当着孩子的面去争个高下。之后，父母另找时间就此问题好好商量，得出一个统一的结论，再按照结论去执行。

方法三：不要一个“红脸”，一个“白脸”

在众多家庭中，会发现一个有趣的“分工”，即父母在管教男孩时，一个扮演“红脸”，一个扮演“白脸”。“红脸”负责从严管教男孩；“白脸”则负责在男孩和“红脸”间周旋、调和，使家庭充满和谐的气氛。

父母的这种角色扮演可能会取得成功，使男孩规规矩矩，但同时也会产生一些负面影响。比如“红脸”会让男孩变得逆反，“白脸”会让他变得更加骄纵，长此以往，还可能使男孩变成一个欺软怕硬的“双面人”。

因此，父母在共同教育孩子时，千万要避开这种教育模式。孩子做错了，就要指出错误让他心服口服，不要以“红脸”相向；孩子做错事被一方训斥了，另一方也不要过来说情，否则他会意识不到自己的错误。

3. 好家庭胜过好学校——营造温馨的家庭环境

对于孩子来说，家庭是他赖以生存的地方，对他的影响巨大。在男孩眼中，家庭不仅仅是一个生活场所，还是他接受爱、学习爱的地方。因此，一个良好的、温馨的、和睦的、甜蜜的家庭对孩子的身心健康起着至关重要的作用。

不要以为你的孩子还小，什么都不懂，其实他非常了解家的含义。在他心中，家不一定非要富丽堂皇，但一定要温馨；爸爸妈妈很少吵架，每天都是开心的；家庭生活中，不一定每天都有好吃的零食，但只要全家人一起吃饭，聊聊天，就是幸福的；孩子更喜欢也更愿意和妈妈一起玩耍……

生活中，妈妈可以时不时地询问一下孩子：“你理想的家庭是什么样子？”然后把他回答中一些合理的要求归类，并且一一实现，孩子会看到妈妈为他做出的改变，也会在这些改变中看到尊重、理解、疼爱，他也会尝试着去为妈妈做出改变。

妈妈是孩子的第一任老师，家庭则是孩子的第一所学校，健康和谐的家庭环境，是孩子身心健康发展的前提条件。

方法一：创造学习氛围浓厚的家庭环境

一个书商家里有两个儿子，虽然两个儿子还在上小学，但他们掌握的知识却十分丰富。

“钱要花在刀刃儿上，这点我是和比尔·盖茨学的。”

“我喜欢三毛写的东西，有一种淡淡的忧伤。”

……

许多与他们聊天的成年人都惊奇这两个小家伙怎么能有如此广阔的知识面呢？

于是，很多人便问这个书商：“你是怎么让你的儿子如此博学的呢？”这个书商笑着说：“只要去我家看看，你就会知道了。”

原来，这个书商家里，许多房间里都陈列着各类图书的书架，从科学杂志到古典文学，一样不少。

试想一下，在这样的环境中生活，孩子能不喜欢读书吗？如果你希望将自己的儿子培养成博览群书的人，就要让家里充满书香气，让孩子在无聊的时候，伸手就能拿到书，从而自由自在地在书海中遨游。与此同时，妈妈要为孩子树立学习的榜样，创造学习氛围浓厚的家庭环境。

方法二：营造民主的家庭氛围

大部分孩子的家庭环境都算得上是温馨的，但有时却很难做到民主，这难免会让生活在这个家庭里的孩子感到压抑。

首先，应该彻底摒弃“父教子从”的观念。从孩子出生起，他就是独立存在于这个社会中的，他有自己的思想、意志，也有强烈的自尊心，需要得到父母的尊重。只有在对孩子的教育中树立这种平等的意识，才能让孩子真正听你的话，让他从内心真正尊重你。

其次，妈妈千万不要存在那种“孩子还小，很多事情没有必要让他知道”的心理，这样会让孩子觉得自己是脱离家庭生活的，从而产生一种孤独感。妈妈必须保证家庭内每个成员之间都是平等的，要让孩子感受到妈妈对他的尊重和重视，更能感受到妈妈的爱。

方法三：营造和谐的家庭氛围

“你简直就是个窝囊废！”

“有本事你去赚钱，就知道在家里耍横！”

……

这是家庭生活中，夫妻双方吵架时经常会出现的台词。也许当夫妻双方争吵过后，并没有觉得有什么不对，权当是一场宣泄罢了，但他们却没有考虑到孩子的感受，这些恶意伤人的话会对孩子造成什么样的影响。心理学家研究表明，从小就生活在紧张的家庭环境中，孩子的智商发育较同龄人会晚一些；有的孩子还会因为恐惧拒绝与人交往，影响其社会交往能力的发展等。

在充满爱的、和谐的家庭中生活的孩子，通常能够感受到一种幸福。妈妈经常带着自己的孩子外出散散步、逛逛公园等，不仅可以增进妈妈与孩子之间的亲密程度，还能潜移默化地将一些知识传授给孩子，从而使孩子更加热爱学习，对周围的事物充满好奇，乐于与他人接触。反之，若孩子生活在一个不和睦、经常发生争吵的家庭中，妈妈不仅无心照顾孩子，夫妻双方一生气吵架后，甚至还拿孩子作为“出气筒”，这无疑会给孩子的精神造成很大压力，严重危害孩子的身心健康。

家庭是孩子成长的摇篮，妈妈的一言一行都对孩子的成长起着至关重要的作用。正如一则公益广告所演的那样，一个小男孩在无意间看到忙碌了一天的母亲在为奶奶洗脚，双方非常融洽地聊着天。一转眼，孩子也端来了一盆水给自己的妈妈洗脚……

4. 人格、品行、习惯——男孩的塑造主要靠妈妈

不管是正在成长的小男孩，还是已经成年的男人，妈妈永远是他们心灵停泊的港湾。

从怀胎、哺乳到启蒙等过程，妈妈与男孩有着更多的接触机会，加之其特有的细腻情感和耐心，所以男孩天生就与妈妈存在着一种超乎其他亲属关系的亲密性。一个男孩从嗷嗷待哺的小宝贝，成长为独立自主的男子汉，在这个过程中，妈妈的养育至关重要。

我们说妈妈是孩子未来的塑造者一点儿也不为过。如果妈妈有兴趣教男孩知识，并且乐于与他交流，那么能很好地促进孩子大脑的发育，提高他的表达能力，从而使他在今后的生活中能更好地适应社会。

作为男孩的妈妈，你应该一如既往地支持孩子，使孩子能感受到母爱的温暖，同时直接或潜移默化地将自己的修养、观念、思想传递给孩子，塑造出一个优秀的男子汉。

方法一：用母爱塑造孩子健全的人格

母爱是塑造孩子人格的种子，它不仅会给予孩子十足的安全感，促使他勇敢面对一切困难和挑战，还能在潜移默化中净化孩子的心灵，让孩子变成一个美好的人。一位老师讲述了他一个学生的故事：

王琦是个性格很暴躁、容易冲动的孩子。只要别人与他稍有摩擦，他就用拳脚去“摆平”对方。有一天，他因为一件小事与一名高年级的同学发生了口角，对方还没说几句，他就一拳将对方打成了“熊猫眼”。恰巧被我遇见，我连忙拉开这两个学生，并让王琦把自己的妈妈叫到学校来。王琦半天也没动地方，我有点儿生气了，就对他说：“如果你不叫的话，那就直接带我去找她！”王琦只好带我来到了他的家。这时我才知道，他的妈妈在他很小的时候就离开了，他一直由爸爸带大。他的爸爸脾气很不好，孩子稍微犯点儿错便非打即骂。渐渐地，王琦也开始效仿爸爸，喜欢以打架的方式来消除心中的不快；加之他从小又缺乏母爱，便形成了这样暴躁的性格……

爱打架的男孩往往来自自身需要得不到满足的家庭，他们没有良好的自我形象，生活中缺乏安全感，所以喜欢用暴力来解决问题。而改变他们的方法就是让他们感受到母爱的温暖，也只有母爱才能为孩子塑造出安定、祥和、善良的人格。因此，为了让男孩拥有一个健全的人格，妈妈要不断地将自己的爱倾注在男孩成长的过程中，尽量多抽时间自己带孩子，并维持婚姻的和谐。

方法二：随时纠正男孩的坏习惯

一些行为学家研究发现，盗窃少年犯大多在童年时缺失母爱，或得不到妈妈的尊重，因此才去拿别人的东西弥补自己心灵上的缺失。由此可见，妈妈在男孩品行的塑造上承担着重要的责任。在平时，妈妈不仅要给予男孩温暖的关怀，还要悉心留意男孩的各种生活习惯。一旦发现不良的习惯，就要马上指出，并督促其改正。有时，为了让男孩更快地改正错误，要让他接受坏习惯造成的结果的惩罚。

一个妈妈这样讲述自己的教子经验：

我儿子经常丢三落四，上课时经常忘带书本。每当这时，他便会打电话给我，要我给他送过去。我警告过他很多次，每天晚上要看课程表装好第二天要用的书，但他却总是忘。

为了让他品尝自己种下的苦果，同时也为了纠正他这个习惯，我决定找个机会好好“惩罚”他一下。果然，有一天，他再一次忘记带书，在电话里央求我：“妈妈，你给我送过来吧！”我当时真有些心软，但还是斩钉截铁地回答他：“不行！你自己犯下的错误自己承担！”还真是神奇，从此以后，儿子再没忘记带课本上学，生活上也自律多了。

每个男孩都有很强的可塑性，只要妈妈能把握好方向，付出爱心，就一定可以把孩子塑造好。

5. 催开天赋之花——引导男孩把爱好变为特长

教育实际上就是为男孩未来的生活做准备，打造男孩美好生活的基石。单纯的期许与关爱是不够的，对于一个生活在现代社会的男孩来说，只有让他具备一定的爱好和特长，才有利于其今后的发展。所以，妈妈在实施家庭教育时必须重视培养孩子的爱好和特长。

世界上任何一个孩子都具有很多种潜能，如果妈妈能在早期就发现孩子的潜能，并对其进行适度的引导和开发，就能够提升他的个人潜能，这也是早期教育在孩子成长中非常重要的原因之一。

培养男孩，既要让他有广泛的兴趣，又要让他有集中的兴趣点。广泛的兴趣可以开拓男孩的思路、扩展男孩的知识面；而集中的兴趣点则可以帮助男孩集中精力，将这样的兴趣点变为特长。

那么，在现实生活中，妈妈应该怎样引导男孩寻找自己的爱好，并发展成为特长呢？

方法一：妈妈要具有一双善于发现的眼睛

这个世界上不存在没有特长的男孩，关键在于妈妈能否发现孩子的特长。很多时候，学习不好的男孩，也许具有绘画天赋；在钢琴面前笨手笨脚的男孩，也许会成为一个足球明星……因此，想要发现男孩的特长，妈妈首先要拥有一双善于发现的眼睛。

小诺上初二，成绩一直不是很好。他的妈妈很担心他长大后没有出息。于是，妈妈打算开发小诺的一项特长。可让小诺妈妈为难的是，小诺似乎没有特别出众的地方。

一次，小诺的学校开运动会，小诺代表班级参加跳高、跳远比赛，轻轻松松就捧回了两个冠军，这让小诺的妈妈有了新的点子——发展孩子的体育特长。之后，小诺的妈妈帮儿子报了少年田径队。小诺果然没令妈妈失望，他只参加训练两个多月，就在随后的市少年田径赛上取得了不错的成绩。

妈妈可以从观察做起，不要仅仅把目光停留在孩子的学习成绩上，还应多多观察孩子的气质、性格等。当你确定了孩子在某些方面具有特长，就应马上为孩子制订计划，激发孩子的兴趣。只有把孩子的特长与奋斗目标统一起来，才能把男孩培养成一个优秀的人。

方法二：尊重孩子的兴趣、爱好

13岁的小唐是一个特别喜欢捏橡皮泥的男孩，他的房间堆满了各式各样他捏的橡皮泥作品。可是他的爱好却招来妈妈的反对。小唐的妈妈觉得孩子心智不成熟，这么大了却还沉迷于这种幼稚的活动中，属于典型的“不务正业”。于是她就趁小唐不在家时，把屋里所有的橡皮泥作品全都丢掉了。小唐知道后非常难过，此后很少跟妈妈说话了。

妈妈在生活中不能用自己的爱好来评判孩子的兴趣、爱好，而是应该按照孩子的意愿，尊重孩子的兴趣、爱好；否则，容易抑制孩子个性的发展。

6. 尊重、理解、宽容——培养优秀男孩的秘诀

很多妈妈可能都有这样的感觉——和男孩相处是一件很有难度、很费力的事情，在男孩小时候，不像女孩那样乖巧、听话；等长大了一些，他们变得更倔强、固执了，不仅听不进妈妈的话，有时还和家长对着干。

我们常常听到一些男孩妈妈的抱怨：

“我7岁的儿子一点儿也不听话，常常惹我生气。”

“我的话，儿子一点儿也听不进去，他常常和我对着干。”

“儿子有了心事宁愿和网上的陌生人倾诉，也不愿意和我分享。”

“虽然我是儿子最亲密的人，但是我们之间却总有一些隔阂，这大概就是人们常常提到的‘代沟’吧。”

……

如何才能和男孩关系升温呢？妈妈需要做到以下几点。

方法一：多给男孩一些信任

信任是相互的，如果一个人不信任我们，自然也得不到我们的信任。同样的道理，如果我们不信任孩子，孩子自然也不会信任我们。虽然这些道理大家都懂，但是在生活中却经常发生这样的事情：

场景一：

一个妈妈要外出办事，留下儿子一个人在家里写作业。妈妈怕儿子偷着上网看电视，便每隔半小时就给儿子打一个电话，问他是不是在写作业。

场景二：

周末，宁晋对妈妈说："我要去找同学一起写作业。"妈妈追问道："你是真的去写作业吗？不是去打篮球吧？"

一般来讲，妈妈对儿子的不信任源于以下两点：第一，出于对儿子的关爱，怕他无法独自应付一些事情。第二，怕给他太多的自由出现安全问题，或者光顾玩耍而影响了学习，甚至还会学坏。虽然妈妈的这些不信任也是出于对儿子的爱，但是在孩子看来却并非如此。对于男孩来说，妈妈的不信任是怀疑他的能力，甚至是在怀疑他的品行，这让他感到非常不舒服，从而和妈妈产生隔阂。所以，我们要想让儿子信任自己，把自己当作知心朋友，我们就必须信任儿子。当他觉得妈妈非常信任他的时候，反而会对自己加强约束，因为他不想辜负妈妈对他的信任。

方法二：尊重男孩的意愿，不把自己的意愿强加给他

很多妈妈都遇到过这样的情况，有时候儿子犯了错误，他自己也认识到了错误，但他就是不认错，宁愿接受妈妈的惩罚。这是为什么呢？这是因为男孩的自尊心非常强，他宁愿接受惩罚，也要维

护自己的自尊心。所以，在和男孩相处时，我们一定要尊重他，友好、平等地对待他。

一个妈妈曾经这样谈到自己的教子经验：

在前两年，我和儿子的关系非常不融洽，常常发生矛盾。尽管我竭尽全力想和儿子搞好关系，但儿子总是对我敬而远之。后来我终于找到了儿子不愿意接触我的原因——我常常把自己的意愿强加给他，而没有平等地对待他。例如，给儿子报兴趣班，我不和他商量就直接给他报名；给儿子买衣服，我从来没想过他喜不喜欢，只买那些自己感觉不错的衣服。找到这个原因后，我不再把自己的意愿强加给儿子，而是很多事情都和他商量，听听他的看法。甚至家庭中的一些事务，我也让儿子参与进来。儿子感觉自己受到了尊重，和我的关系也就亲密起来了。

方法三：用理解跨越代沟

很多妈妈都抱怨自己和孩子之间存在代沟：自己感兴趣的事情孩子一点儿也不喜欢，而孩子感兴趣的事情自己又一点儿也不了解。正是因为代沟的存在，很多妈妈竭尽全力想和孩子搞好关系，但是却做不到。其实代沟并非鸿沟，只要我们理解孩子，多站在孩子的角度上思考问题，就可以轻而易举地将代沟跨越过去。

7. 骄纵任性，别惯坏了你的孩子

承志6岁了，是一个非常任性的小男孩。在家里，妈妈什么事都要依着他，否则他就会没完没了地吵闹下去。因为每天长时间看电视，承志的眼睛有些近视，妈妈劝他多休息少看电视，他随口就

今天你看电视的时间太长了，赶紧关了睡觉去！
不，我就不！
明天还要上学呢，再看10分钟就休息吧？
好的，妈妈，就看10分钟。

说：“不，我就不！”

前两天家里来了客人，妈妈做好饭后，让爸爸和客人先吃，把承志放到了后面。这下承志不高兴了，当着客人的面就摔了筷子，气得妈妈直跺脚：“你这孩子太任性了，真是快把我气死了！”

其实，生活中像承志这样任性的男孩还有很多。当男孩的要求得不到满足时，他往往就会用哭闹、摔东西、在地上打滚儿等方式来表达自己的情绪和要求。

一般来说，男孩骄纵任性主要与以下因素有关。

第一，家人过分的娇惯和迁就。在很多家庭中，妈妈习惯把儿子放在中心位置，在他提出不合理要求时，妈妈也一味地放任和迁就。慢慢地，男孩就会形成骄纵任性的心理以及行为定式。

第二，男孩对他人的模仿。当几个孩子在一起时，如果其中一个孩子出现了任性的行为并且取得了不错的结果，其他孩子就会进行模仿。

第三，妈妈对儿子不尊重，粗暴地对待儿子。有些妈妈对儿子的要求非常高，儿子无论怎么努力都达不到妈妈的要求，慢慢地，儿子心中就会产生逆反心理，从而变得任性起来。还有些妈妈动不动就斥责儿子，而男孩为了保全自己的面子，从而产生任性、对抗的行为。

任性会对男孩的性格造成消极的影响，甚至会影响到他今后事业的成功，因为一个任性的人往往把自己放在中心位置，很难和他人进行友好的合作和协商。所以，妈妈要让孩子改掉任性的坏习惯，具体方法如下。

方法一：教育儿子不能在他面前演“红白脸”

有一个妈妈无奈地对教育专家这样讲述道：

我觉得儿子现在变得这么任性，完全是因为我们家没有统一的教育方式。前两天，6岁的儿子看到邻居的孩子在吃口香糖，也让我买给他。我说：“口香糖不适合小孩子吃，妈妈不能给你买。”儿子一听我拒绝了他的要求，马上趴在地上打起滚儿来。看到儿子如此任性，我也生气了：“你这孩子怎么这么任性，快点儿起来！”因为听到了儿子的哭声，奶奶赶忙跑了过来，非常心疼地扶起孩子，安慰他说：“我的宝贝孙子想买什么？奶奶给你买。”孩子的奶奶还有些生气地对我说：“你说你这么大人了跟孩子怄什么气，真是的。”

当男孩受到批评时，往往会有人偏袒他。久而久之，男孩感觉自己有了“靠山”，就会越来越任性。

因此家长在教育孩子时，一定要统一意见，形成合力，这样才能取得理想的教育效果。

方法二：不过分迁就男孩，令其学会分清是非

有一个妈妈的教子经验是这样的：

这天，我带着7岁的儿子去商场买东西，看到一个和儿子差不多大的男孩因为妈妈没有答应他的要求，正躺在地上打滚儿。我马上对儿子说：“好孩子不应该骄纵任性，你看这个小男孩又哭又闹，大家都在看他，多不好啊！”儿子听完点点头说：“妈妈，我不学他，我不乱要东西。”

这真是一个聪明的妈妈，她及时地告诫儿子不要去模仿他人的不良行为，因为她很明白一个道理——很多男孩的骄纵任性是和其他孩子学来的，如果他们看到别的孩子通过哭闹、打滚儿、撒泼就让家长满足了自己的要求，那么他们也会使用同样的方法。

所以，妈妈应该让男孩分清是非，并对任性产生一种排斥心理，这样，他就不会模仿别人了。同时，妈妈也不可过分迁就儿子，做到不娇惯、不溺爱，绝不满足孩子的不合理需求。

第 三 章

好关系胜过好教育，与儿子实现无障碍沟通

1. 丰富沟通模式——如何让沟通取得最佳效果

小男孩对万事万物都充满着好奇心，对于一些新鲜事物，他能够毫不犹豫地投入大量的热情。针对男孩的这一特点，妈妈不妨改变一下与儿子的沟通方式——从他感兴趣的话题入手。

那么，具体该采用哪些方式进行沟通呢？大多数妈妈首先想到的就是谈话，但男孩对于这种墨守成规的沟通方式往往不太感兴趣，尤其是当妈妈反复说那些他不感兴趣的话题时，他更会烦闷至极。在这种情况下，无法起到良好的沟通效果。

事实上，妈妈与男孩的沟通方式是多种多样的，关键在于妈妈能否用心去寻找。要知道，任何一个微小的细节都有可能让你和男孩的关系发生巨大的变化。

方法一：便条虽小，作用很大

很多妈妈都觉得自己不善于表达，很难和儿子沟通，尤其是随着男孩不断长大，妈妈就更难和他面对面地交流了。这时，你不妨把一些自己想对儿子说的话写在便条上，然后粘在他能轻易看到的地方，以此来传达你对他的爱和关心。

小白的妈妈因为工作的原因经常不能监督、辅导他做作业。每当这时，小白的妈妈都会在小白的书桌上粘一张便条，内容大致是："亲爱的儿子，妈妈会和你一起努力的，爱你！"

小白几乎每天都能在自己的书桌上发现这样的便条，有时是粉色的，有时是黄色的，种类、样式各不相同。就这样，小白把接收妈妈的便条当作一天中最惊喜、兴奋的事，还默默地把妈妈留给自己的便条攒了起来。小白常常对自己的同学说："虽然妈妈不能经常陪我，但是看到妈妈的便条就好像她陪在我身边一样的温暖。”

便条上的内容可以是一些教育、鼓励男孩的话等，这种方式很容易被男孩接受。

方法二：将爱写在信中传达给儿子

妈妈在教育孩子的过程中，常常会出现有话讲不出来、讲不明白的情况，尤其是当涉及一些比较敏感的话题时，就更不知道该如何对孩子说了。

刘女士发现儿子写字的姿势不是很好，几乎是趴在桌子上写，而且每天晚上写作业的速度都很慢，常常一两个小时都写不完一个学科的作业。于是，刘女士就找儿子谈话，由于当时她的情绪比较激动，所以对孩子说话的语气不太好，最后母子争吵了起来。

第二天，儿子一句话也没和刘女士说就去上学了。刘女士有些着急了，于是就写了一封信向儿子道歉，承认自己的语气不好，希望得到儿子的原谅。同时，她还说明了她情绪不好的原因……儿子看了信后，也开始深深反省自己对妈妈的态度，最后还向刘女士道歉说：“妈妈，我也不好，以后我会听话的。”

很多时候，当妈妈与儿子发生冲突后，出于尊严，妈妈一般放不下面子和儿子心平气和地沟通……当发生这些情况时，你可以用写信的方式来与儿子沟通。将你的真实想法写在信中，告诉儿子；将你批评他的原因解释给他听；将你对他的爱和期望传达给他……当男孩收到这样一封信时，他一定会感受到妈妈对他的爱的。

方法三：利用网络，和儿子进行网上沟通

虽然在家里，但是有的妈妈和儿子还是喜欢在网上聊天。

妈妈：听说你们班里新来了一个男孩，长得还挺帅的。

儿子：是的，不过和我没得比！

妈妈：听说，他的学习成绩也很不错，是以前学校的尖子生。

儿子：那倒是真的，不过我这么聪明，凭我的努力一定会比他强的！

妈妈：我相信你！儿子！加油吧！……

其实，生活中，只要找到男孩感兴趣的话题，他是很愿意与妈妈进行沟通的。一般来说，从上小学开始，男孩就开始了自己的社交生活，每天都会接触不同的人，这时，妈妈不妨和儿子多聊聊他们身边的人和事。当面对面不好沟通时，也可以借助网络的便利，和儿子在网上聊天，这种方式让孩子感觉更加轻松，更能向妈妈倾诉心声。

所以，妈妈不妨做儿子的网友，和儿子在网络上交流，增进彼此之间的感情。

2. 多商量，少命令——获得男孩尊重的秘诀

现实生活中，我们总能发现这样一个奇怪的现象——如果一个男孩的妈妈告诉这个男孩“你必须这么做”时，这个男孩一定不会这么做。但如果妈妈对男孩说“这样做你觉得如何”的时候，男孩往往会毫不犹豫地去完成妈妈说的事情。

美国的一位教育家说过：“在教育孩子的过程中，应当将命令排在最后一位，只有你面对孩子毫无办法的时候，才能使用命令这种教育方式。”妈妈与儿子之间的沟通应该建立在相互理解、尊重的基础之上，而两代人之间相互理解、尊重最主要的方式就是商量。

那么，生活中，妈妈应该如何正确运用协商的教育方式来促进亲子关系的发展，从而让男孩更健康地成长呢？

方法一：用协商代替命令的口吻

阿明和阿杰是关系很好的伙伴。周六，他们一起出去玩儿，但由于玩儿得太尽兴，所以他们回家都晚了。

阿明回家了，他的妈妈上去就劈头盖脸地责骂了他一通："你这个不听话的孩子，怎么这么晚才回家？你知不知道全家人都很着急。如果你以后再这么晚回来，看我不打你！"阿明捂着耳朵跑进了屋里。

阿杰回家了，他的妈妈用十分温和的语气与儿子商量："阿杰，你知不知道你这么晚才回来，爸爸妈妈都很担心你，以后不要再这样了，好吗？"阿杰听了妈妈的话，不好意思地点点头说："嗯，我知道了，对不起，妈妈，让你担心了，我以后再也不会这么晚回家了。"

其实，事例中的两个妈妈想要表达的意思是一样的，但所引发的结果却是完全不同的。用命令的语气与孩子沟通，很难让他心甘情愿地去改正自身的错误；而用商量的语气与孩子沟通，则常常会事半功倍，令孩子心服口服。所以，当妈妈希望男孩做什么的时候，不妨用商量代替命令。

方法二：通过协商，矫正孩子的不良行为

想要男孩改掉身上的坏习惯，用强制的手段是不可取的。这时，妈妈不妨试着与孩子达成协议，比如"家庭约法三章""母子协议"等，以此约束他的不良行为。但值得注意的是，在与男孩达成这些协议的时候，一定要让他心甘情愿，否则这些协议就起不到任何作用。

一次，晓宏与妈妈一起去超市买东西。去之前，妈妈已经和晓宏说好，只是买一些生活用品，不给他买任何玩具和零食。但是，当晓宏看到最新款的机器人玩具后，就开始央求妈妈给他买，并说他们班好多小朋友都有这样的玩具。

妈妈看了看玩具的价格——800元，价格很贵，但她并没有像很多妈妈那样直接拒绝晓宏说“太贵了，不能买”，而是和晓宏商量：“这个玩具的确很好，但是你知道它要花多少钱吗？”

“多少？”晓宏问道。

“800元，价格很贵。如果你真的想要这件玩具，也不是完全没有可能，你首先要给妈妈一段攒钱的时间，然后你要做一些让家人开心的事情，这样我和你爸爸才能更有动力去赚钱，攒钱给你买这个玩具。”

“那好吧！”晓宏放下怀里的玩具，拉着妈妈的手离开了。

这个妈妈的聪明之处在于，她通过巧妙的协商改变了孩子不听话的行为，又让男孩心甘情愿。生活中，每个男孩都会向妈妈提这样那样的要求，面对孩子的不合理要求，妈妈应该选择协商的方式，和他讲道理，让他慢慢地接受，并且认清自已的要求是不合理的，让他心甘情愿地放弃这样的要求。

3. 会说不如会听——用心倾听，关系更美好

“我认为倾听是一种非常好的教育方式。因为倾听对孩子来说，是在表示尊重和关心，也是在促使孩子去认识自已的能力。如果孩子感到他能自由地对任何事情提出自已的意见，而他的认识又

没有受到轻视和奚落的时候，他就会变得毫不迟疑、无所顾忌地发表自己的意见，先是在家里，然后是学校，将来就可以在工作上，自信勇敢地正视和处理问题。”这是德国教育家卡尔·威特的一段话，由此可见倾听的重要性。

我们小时候可能做过一种游戏——传声筒。传声筒可由纸杯等物品制作而成，就是这样简单的传声筒，当你认真倾听时，里面的声音会变得很奇妙。是的，当你专注地去倾听，任何的声音都是有趣的。

随着社会发展和生活节奏变得越来越快，现在很多妈妈都没有了倾听孩子心声的专注和兴趣。她们或许会给孩子买一大堆玩具和衣服，却很少坐下来听孩子说会儿话。孩子的快乐、烦恼都闷在心里，就会少了很多成长的快乐。

倾听应该是妈妈必修的一门重要的功课。倾听孩子的话很重要，妈妈要对孩子说的内容积极地回应，这才是有效的倾听。以下是几种关于倾听的方法：

方法一：认真听，了解男孩的想法

周末，妈妈陪着亮亮一起写作业。写了一会儿，亮亮扭来动去的，就是安静不下来。妈妈看他一眼，他就写几个字，一会儿又做起了其他小动作。这时妈妈问他：“怎么了，亮亮？”亮亮看了妈妈一眼，犹豫了一下，就问妈妈：“妈妈，麦子的‘麦’怎么写？”妈妈就在纸上写给他看。过了一会儿，他又问妈妈：“妈妈，劳动的‘劳’怎么写？”妈妈又写给他看了。这时亮亮又指着纸上的两个字，说：“妈妈，这中间还差一个字呢。”妈妈一看这两个字“麦”“劳”，一下恍然大悟：“麦当劳？儿子，想吃麦当劳了吧。”亮亮这才有点儿不好意思地点点头。

现在的男孩头脑机灵，有时用婉转的方式向妈妈表达自己的想法，粗心的妈妈很难明白他真正的想法；而细心的妈妈就可能通过更多的倾听，及时捕捉他的小小变化，观察他没有明确表达出来的想法。因此，想要了解男孩的想法，就要乐于做他的倾听者，多花一点儿时间，多花一点儿精力，慢慢地听他说，这样才可能走进他的内心世界，进而对他的生活和学习提供帮助和指导。

方法二：对男孩说的保持兴趣，并给予回应

在有些家庭中，我们经常可以看到一种有趣的现象：

孩子在兴致勃勃地给妈妈讲着童话故事，讲得眉飞色舞、绘声绘色，可妈妈只是以“嗯”“是吗”应付着，只顾玩游戏、追剧或刷手机，根本没有在意孩子说话的内容。而孩子说着说着，看到妈妈这样不在意，也突然觉得索然无味，放弃了自己的故事，很沮丧地离开了。

没有回应的倾听，无疑会让诉说者倍感沮丧、失落，也没有了说的欲望。因此，妈妈要对孩子的话保持兴趣，关注倾听。这样他才有可能向你呈现更多他内心的想法。不时地对他的话给予回应，比如提出疑问，或者肯定他的想法，来鼓励他多表达。

方法三：倾听时保持冷静，不要打断男孩

处于青少年时期的男孩，思想还不成熟，说出的话也常常不假思索，有时让妈妈很难接受。于是，一场家庭矛盾就难以避免地在家里上演了。

丁伟的寄居蟹不见了，他到处找都找不到，急得满头大汗。这时妈妈告诉他，把寄居蟹送给隔壁的小朋友李应了。丁伟一听急了：“这是我的小蟹，你怎么能送给他呢？”妈妈说：“我看你这几天都没怎么照顾小蟹，以为你不喜欢了，就送人了。”丁伟一听更生气了：“你是不是很讨厌我，更喜欢李应，把我的东西都给他了？”妈妈一听火立即就大起来了，她想到自己为儿子付出的一切，感到非常委屈：“我不喜欢你，对，我讨厌你，我不尊重你，这些东西都是谁给你买的呀？”……

故事中的妈妈自己做主把丁伟的小蟹送人了，这的确不对。更不对的地方是她没有保持冷静，在孩子一句话的冒犯下，立刻被激怒。

对于孩子不成熟的顶撞或冒犯，妈妈不要过早表态，让孩子继续把话说完，给他表达的机会。这样才有利于形成更加良好的亲子关系。

4. 批评孩子的艺术——如何说，儿子才肯听

那些被妈妈称为“淘气包”“小邋遢”“破坏王”的小男孩免不了要受到妈妈的批评，在他们的成长过程中，有的妈妈把那些批评孩子的话习惯性地挂在嘴边，孩子一有点儿什么小错，就严厉地批评。

张石的妈妈很疼爱他，但却不能容忍孩子反驳她。每次她教育儿子时，只要儿子一提出反驳意见，她就火冒三丈，劈头盖脸地责骂孩子一顿。有一次，她又因为张石与自己顶嘴，一时气急，揪住张石的耳朵，说：“我从小就提醒过你，不要和我顶嘴，说到现在你还不知道改，我要你有什么用？给我滚！”

当天晚上，张石就留下一封信，离家出走了……

男孩错了可以批评，但不要使用蛮不讲理的态度，更不要以长辈的身份威胁、恐吓他。正确的方法是把自己放在与男孩平等的地位，否则会让男孩对家长的批评产生“免疫”、质疑和反感，那样

对于双方来说都是没有益处的。

生活中，妈妈要把批评当成一门艺术来对待，尤其注意把握好批评的时机。当孩子与你讨论其个人问题时，当孩子因为太高兴或者太难过而没有解释清楚一件事情时，当孩子需要你帮他作决定时……妈妈是绝对不能批评孩子的，否则就会打击他的积极性，还会伤害他的自尊心。

那么，妈妈如何才能把握好批评的时机和尺度呢？

方法一：批评孩子的行为，而非品格

妈妈在批评男孩的时候，一定要认清一点——批评他错误的行为，而不是对他进行品格上的评价。就拿学习这件事来说，当某些男孩的学习成绩不理想时，绝对不要说“你太笨了”……这样不但无法帮助男孩提高成绩，反而会让他认为自己真的很笨。

再以上网为例。如果孩子答应晚上9点以后不上网，他违反这个约定后，妈妈可以这样说：“怎么又在上网呢？这样不仅耽误学习，而且对身体不好，我有点儿生气了，因为你答应过我晚上9点后不上网的，很显然你没有做到。希望明天这个时间你能好好躺在床上休息，这样，你第二天才会有充沛的精力上学，晚上回来再玩游戏的时候，也能多过几关。我相信只要你做到，就能成为一个又会玩儿又会学习的好孩子！”

这样的批评不仅会让孩子心里感到温暖，还会让他乐于接受家长的建议，并且他能在你的话里听到希望，感到你对他的爱和憧憬，他自然会变得越来越好。

方法二：不要当众批评你的孩子

你可能发现这样一种情况，很多时候在家里批评孩子，孩子一般不会做出多大的反抗，然而若是在公共场合批评孩子，没说两

句，就会引起孩子强烈的反抗。

明智的妈妈会在他人在场的时候表扬孩子，而当孩子犯了错误后，则会私下单独进行批评教育。这样既维护了孩子的自尊心，又取得了更好的教育效果。

方法三：不说空洞的话，要让孩子对你的批评心服口服

教育的目的就是让孩子改正错误，更好地成长，但前提必须让孩子对你的话心服口服。

首先，绝不能使用打骂等方式，还是要从沟通入手。

其次，当你知道孩子做错事情后，一定要保持冷静和理性，耐心去引导孩子，告诉他什么是对的，什么是错的，相信他能够成为一个很棒的孩子等。

下面是发生在一个妈妈身上的故事：

一个周末，妈妈刚回家，正好撞见正要出门的儿子，她就问儿子去干什么，儿子说要去踢足球，已经和同学约好了。虽然妈妈对于儿子平时这种不爱学习的态度感到非常气愤，但她还是冷静了下来，温和地问儿子："你觉得你最近的学习怎么样？"

儿子站在原地，低着头，小声地说："不……不怎么好！"妈妈看着儿子，把他拉到自己身边，说："那么，一个学习并不怎么好的孩子怎么总是想跑出去玩儿呢？"

男孩低着头，抠着手指。

妈妈接着说："我今天在网上看到了一篇文章，文章中说全世界的孩子只有三种，一种是只会玩儿不学习的，一种是只学习不会玩儿的，还有一种是又会玩儿又会学习的，你想成为哪一种？"

儿子小声地回答："最后一种！"

妈妈拍了拍儿子的肩膀说："很好，和我想的一样，我相信只要你以后好好看书，多花些时间学习，一定能实现这个愿望！"

儿子看着妈妈，点点头，随即又小声地问：“那……踢足球呢？”

妈妈笑着说：“当然要去了，学习很重要，但是你既然已经和别人约好了，就不能做一个言而无信的人，要知道，诚信对一个男人来说是很重要的。”

从那以后，男孩的学习态度端正了许多，成绩也进步了。

要想让男孩对妈妈的批评信服，是绝不能依靠责骂的，而要耐心地去引导，像朋友一样交谈。批评只是一种手段，而不是目的，真正的目的是让男孩快乐、健康地成长。

5. 对男孩说“不”——理性教育需要学会拒绝

在商场或超市，我们会注意到一种现象：孩子哇哇地哭着，非要买一个玩具或某种零食，大人在旁边尴尬地站着，一副无可奈何的样子，最后受不了旁观人的目光，只好败下阵来，为孩子的任性买单。于是孩子破涕为笑，大人气恼地一路说教着。

生活中，孩子一哭就能得到满足，哭就成了他的一个索取手段。如果妈妈不能及时地约束，那么随着孩子年龄的增长，他的这个索取手段也会跟着升级，由此衍生出更多的不良习惯。所以，对孩子要适当地约束，该拒绝的时候就拒绝，这对孩子将来的成长有很大好处。

适当合理地拒绝孩子，不但不会伤害他的自尊心，而且对他的成长是一种引导，让他懂得更多的道理，同时提升妈妈在孩子心中的威信。在拒绝孩子，对孩子说“不”的时候，也是有学问的，以下几个方法，可以供妈妈们参考。

方法一：规则不能轻易打破

明骏从小就喜欢看动画片，上了小学六年级还是喜欢看。可是家里看电视的时间是规定好了的——写完作业7点半至8点半。明骏一向遵守得很好。可这一段时间正在上演一部动画片，明骏看得如醉如痴。到了8点半，他还恋恋不舍地看着。妈妈一看时间到了，就提示他："明骏，时间到了。"这时爸爸不忍心了，偷偷地小声对妈妈说："他这么喜欢看，就让他再看半小时吧。"可是妈妈还是不同意，让明骏关掉电视去洗漱睡觉了。

对于家庭制订的规则，一次被打破，就有可能多次被打破。那么，男孩就可能不把规则放在眼里，不遵守规则。为了让男孩自觉遵守，妈妈要与男孩一起制订各种规则，这是尊重男孩的体现，也能让他更好地了解妈妈的想法，他执行起来也会更主动。

对于制订的规则，要尽量具体。例如，每天看电视的时间，几点睡觉，玩完玩具之后要自己收拾整理好等。规则一旦制订，就不要轻易地去打破，这样孩子从内心也会重视这些规则，并慢慢将遵守规则变为一种习惯。

方法二：男孩无理取闹时，妈妈要平静地说"不"

海生的妈妈一向脾气好，可是这天却忍不住打了海生。原来，海生想让妈妈带他去画画，而妈妈因为有事，答应他明天再去。可是，海生却一直别别扭扭，什么事都不和大人配合。妈妈叫他吃饭，他也懒得应。等到妈妈厉声喊他时，他大吼一声："管我干吗？"妈妈一听生气了："该吃饭时当然要吃饭，我为什么不管你？"

海生气哄哄地从客厅又跑到洗手间。过了一会儿，洗手间传来乒乒乓乓的响声。海生出来之后，妈妈打开门一看，洗手间里一片狼藉，原来海生在关门时把镜子打碎了。她的怒火一下上来了，才把海生揍了一顿。

有时男孩会故意做出某些惊人的行为，目的就是要惹恼大人，引起他们的关注。所以，对于男孩的无理取闹，妈妈要保持平静的心情和语气，并表达出你的想法。这样，男孩会从你的言行中得到一种信息——他的无理取闹是达不到效果的。

方法三：告诉男孩拒绝他的理由

有些妈妈带孩子出去，当孩子提出不合理的要求时，妈妈就会编一些谎言哄骗孩子。比如，孩子站在玩具店前恋恋不舍，妈妈就会说："今天没带钱，明天再来吧。"如果孩子忘记就忘记了，孩子再提起时她们也不会兑现承诺。

要拒绝孩子，就要把拒绝的真正理由告诉他。妈妈可以直接告诉孩子自己的意见，比如："这个玩具没有太大价值，不值得买。"以此帮助孩子树立正确的消费观。

6. 有时无声胜有声——用非语言行为与男孩交流

英国的教育家斯宾塞说："事实证明，如果对自己的孩子多一些拥抱、抚摩，有时甚至是亲昵地拍打几下，孩子在对外交往以及智力、情感上都会更健康。"

孩子会从妈妈日常的言行中感受到爱，感受到是否被重视，相反，也会感受到被伤害。在他受伤的时候、疲惫的时候、不自信的时候、需要被赞美的时候，一个温暖的眼神、一个轻轻的拥抱或许就是对他最好的鼓励和安抚。

男孩天生有着敏锐的感受力，但往往不太善于用语言来表达自己的情感，非语言沟通是一条更容易被男孩接受的沟通途径。妈妈如何与儿子进行非语言沟通呢？

方法一：让男孩感觉到你对他关切的眼神

眼神是极为常见的一种非语言行为，鼓励、赞许的眼神会给孩子以自信和激励；责备、轻视的眼神则会使孩子感到自卑和伤害。妈妈应给予孩子信任与期待的目光，让孩子感受到你对他的期望，相信他可以做得更好。

有个叫张强的小学生曾在他的作文中写道：

星期天，在家玩儿时，我不小心打碎了花瓶。妈妈很认真地看着我说："儿子，花瓶碎了，你要负责，清扫一下地吧。"我忐忑不安的心一下踏实下来，内心意识到自己太不小心了，以后再也不犯这种错误了。妈妈的眼神中没有任何责备之意，我反而更愧疚……

时刻可以感受到妈妈及身边的人关注的目光，知道自己被期待，会激发孩子的上进心，他会努力做得更好以证明他值得被期待。

方法二：拍拍后背，让男孩勇敢、自信地登台

钢琴家郎朗，少年时每一次演出之前，他心情都会紧张。每当轮到他演奏的时候，在他迈步之前，妈妈都会在他的后背拍一拍："儿子，看你的了。"每当这时，郎朗的内心就像注入了无穷的力量和激情，让他一下子充满了自信和勇气，于是，昂首挺胸地走上台去。他也用成绩向妈妈证明了自己是最棒的。

生活中，孩子会经历许多事情，比如考学、比赛、面试，或是站在舞台上，他会紧张、不安，会没有信心。作为男孩的妈妈，在这样的时刻，其实什么也不必说，只需走到他的身边，伸出手轻轻

地拍拍他的后背，让他知道你相信他，并且始终如一地支持他，这就足够了。

方法三：多多对男孩报以微笑

孩子擅长观察妈妈的表情，以此来猜测妈妈的想法和态度。中国几千年来刻板的教育方式使中国的妈妈习惯了板着脸来对待孩子，似乎孩子做的总是错的。这就让孩子们不愿意主动与妈妈沟通，生怕招来妈妈的责骂。

公园里有一对母子，男孩不过五六岁的样子，跑到一群孩子里玩耍，这时大家看到男孩在打另一个女孩的头，双方的妈妈都急忙奔过去，女孩的妈妈很气愤地斥责了几句，抱着自己的孩子走了。男孩的妈妈并没有斥责他，她把男孩拉到身边坐下，笑着问："能告诉妈妈为什么打小朋友吗？"男孩显然还在生气，妈妈一直微笑地看着他，耐心地等着他的回答。他噘着小嘴，好半天才委屈地说："我不是打她，她头上有只小蜜蜂，我想帮她赶走……"

从上面的事例可以看出，不妨对孩子多报以微笑，让他知道，你乐于与他沟通，并了解他内心真实的感受，那样孩子才会对你敞开心扉。让微笑荡漾在你和孩子的脸上，让孩子在微笑中得到肯定，在肯定中快乐、健康地成长。

方法四：给男孩一个安慰的拥抱

拥抱孩子是一种良好的亲子沟通方式，在妈妈的怀抱里，孩子感到温暖和安全，那是一种天然的信任感。

拥抱是一种无声的语言，孩子可以通过身体的接触来了解妈妈的想法和感受，并满足自己的内心需要，从而达到有效的沟通，让孩子体会到安全、依赖和信任。正如德国教育家老卡尔·威特所说："我认为，沟通是一种艺术，有关的时间、地点、环境和方式都要考虑到。比如孩子有时候希望在心理和情感上保留一些自己的空间或者说他感情波动很大，非常需要安慰，在这些时候，我会拥抱、抚摩儿子，传达给他沉默而温暖的信号。”

7. 赞美是最佳动力——学会表扬和赏识儿子

美国著名的哲学家和教育家约翰·杜威说过：“人类本质里最深远的驱策力就是：希望具有重要性，希望被赞美。”确实，每个人都渴望被赞美、被尊重、被认可、被理解……一旦这些精神需求得以满足，人就会自信满满、动力十足地投入工作或学习中。

男孩的内心世界丰富多彩，需要妈妈的呵护与赏识。给孩子适当的赞美有利于妈妈与男孩进行心灵的沟通，更有利于对男孩进行因势利导的教育。当然，妈妈的赞美要发自内心，要真诚而自然，否则起不到任何作用。

拿破仑·希尔是全世界最伟大的励志大师，他创建了成功哲学和十七项成功法则。他如火的热情，鼓舞了美国千百万人，因此有人称他为“百万富翁的创造者”。可是很多人却不知道，拿破仑·希尔小时候还有一段不为人知的往事。

拿破仑·希尔的母亲在他很小的时候就去世了。有一天，他的父亲把继母接回家。从这个陌生女人进入家门的那一天起，拿破仑·希尔就很担心她以后会对自己有不好的态度，于是就双手交叉放在胸前，用愤怒的眼神凝视她，没有丝毫欢迎的意思。

父亲对继母说：“这是拿破仑，他是希尔兄弟中最坏的一个。”接下来的事情让拿破仑·希尔终生难忘：他的继母把双手搭在他的肩上，用温柔、慈爱、坚定的目光看着他的眼睛，说："他是最坏的孩子吗？我觉得完全不是。他好像是这些孩子中最伶俐的一个，而我们所要做的，无非是把他所有的伶俐全发挥出来。"

一句简简单单的赞美，却打动了拿破仑·希尔的心。那一刻，他意识到，自己将永远拥有一个亲爱的继母。在此后的岁月里，他一直温顺地听从继母的教导，并通过努力，成了一个成功的人。

赞美的力量就是如此神奇，永远要比批评的力量大。

男孩最重要的就是拥有自信、自爱的精神，这种精神并非天生，更多的是来自最初养育他的人身上。一个鼓励的眼神、一句肯定的话语，都是自信的种子，播撒在男孩的心田里，都会变成参天大树。因此，在面对孩子时，妈妈千万不要吝惜你的鼓励和赞美，这会使你在教子方面取得意想不到的收获。

方法一：赞美要细化，不要过于笼统

"儿子真棒！""儿子真厉害！""儿子真好！"类似这样的表扬对于我们来说是轻车熟路。在你的眼里，男孩来到这个世界的每个成长细节都是值得惊叹和赞美的——他会笑了，他能翻身了，他会走路了，他能说话了……于是，在这些不断的惊喜中，妈妈已经习惯于随口夸奖孩子。殊不知这种心不在焉、张嘴就来的赞美会带来负面影响。

举例来说，某天，男孩帮你倒了一次垃圾。你可能会感到很欣慰，因为儿子能帮自己干活儿了，于是兴高采烈地表扬他说："儿子，你真棒！"这会让孩子感觉很茫然，你不妨这么告诉他："谢谢你帮我倒垃圾，我很高兴！"

笼统地表扬男孩，会让他无所适从；而有针对性的、具体的表扬则更容易让男孩理解和接受，他会知道今后具体该如何做、如何努力。

我画得好看吗?
嗯嗯嗯！好看，真好看！
儿子太厉害了，画得太好看了！
我画得好看吗?
儿子，你很有观察力，也很细心，注意到了树叶上的露珠。
嗯，这幅画颜色搭配得也很好，我很喜欢。

生活中，我们要用更多的话语描述男孩的努力，这样自然会引起他的共鸣，达到夸奖的目的。

方法二：要赞美孩子的努力，而不是他的聪明

“聪明”是妈妈夸奖孩子惯用的词汇。妈妈喜欢用“聪明”去激励男孩的每一个进步。然而，这并不是一个聪明的表扬方式。比如孩子考试成绩不错，用“聪明”去夸他，结果只会导致他把“好成绩”与“聪明”画等号，无法将“好成绩”和“努力”联系起来。

美国的研究人员让幼儿园的孩子解决了一些难题，然后，对一半的孩子说：“答对了8道题，你们很聪明。”对另一半的孩子说：“答对了8道题，你们很努力。”接着，研究人员又给他们两种任务选择：一种是可能出一些差错，但最终能学到新东西的任务；另一种是有把握能够做得非常好的任务。结果 2/3 的被夸聪明的孩子选择容易完成的；90%的被夸努力的孩子选择了具有挑战性的任务。

为达到激励孩子的目的，真正做到“夸具体”“夸努力”，妈妈首先要对孩子做事情的整个过程有所了解。有时，在你看见孩子的良苦用心和付出的努力之后，当你在总结孩子成绩的时候，不妨详细地把自己的所见所闻描述出来。比如孩子写完作文之后，你可以说：“文章的开头很好，你能想出这样的开头实在不容易；中间的描述能感觉出你经过了仔细的观察；结尾的一句话也比较精彩，用它来点题很恰当……”这样，你把孩子在作文上所花费的辛苦逐一说了出来，愉快自信的笑容立刻就会洋溢在孩子的脸上。

如果你没有见到孩子的努力也没关系，你可以用提问的方式让孩子自己说出努力的过程，这中间不失时机地加以适当的点评，同样可以给孩子一个有益的赞美。

第四章

抗挫力训练，让男孩成为人生大赢家

1. 心软是害，狠心是爱

著名科学家贝佛里奇说过："人们最出色的工作往往是处于逆境下做出的。思想上的压力，甚至肉体上的痛苦，都可能成为精神上的兴奋剂，能激发人的巨大潜能。"没错，每个男孩身上都有无限潜能，也许在日常生活中这些潜能未被激发出来，当一个人遭遇挫折或困境，尤其是处境危急时，这种力量就会爆发出来，甚至会创造一个又一个生命的奇迹。

不过，并不是所有的挫折与困境都能激发男孩的潜能，要知道对于男孩来说，过度的压力可能不是动力，而是一种摧毁力。所以，只有在适当的挫折的锻炼下，男孩才能逐步激发出自己的潜能。

那么，妈妈要如何利用适当的挫折来激发儿子的潜能呢？下面这些方法妈妈不妨一试。

方法一：妈妈端正挫折教育态度，从身边小事做起

现在很多妈妈一方面担心儿子因为吃不了苦，受不了挫折，将来无法适应社会，所以就想办法让儿子参加体验夏令营等活动，希望能对其进行抗挫折的训练，以便激发儿子各方面的潜能；另一方面忽视了近在身边的锻炼机会，甚至因为心疼儿子而更加宠爱。

下面这个妈妈就是这样：

振东上初二了，周围邻居常听到他的妈妈埋怨他太懒。不过，前一段时间，振东的妈妈高兴地对邻居说，振东所在的学校组织活动，这是一个让儿子吃苦锻炼的好机会。在出发之前，振东妈妈专门上超市为儿子买了好多零食，一个背包都放不下，说是不能亏待儿子。振东活动一周，妈妈十分放心不下，等活动结束时，妈妈

还亲自到学校帮振东提行李。振东妈妈见到儿子的第一句话就是："儿子，你熬过来了就好。"

事实上，振东妈妈身上所存在的那种既想让儿子接受挫折教育，又怕儿子吃苦受累的心态，很多妈妈都有。试问，这样的挫折教育又怎么能很好地激发男孩的潜能呢？

因此，妈妈不要只想着让儿子去参加什么正式的抗挫折训练，而是应该首先端正自己对儿子进行挫折教育的态度，然后从身边小事做起，让儿子学会及时应对生活中那些随时会出现的挫折。要知道，只有不断经历一个又一个小挫折，日后男孩才会有足够的意志与能力去应对大挫折。

方法二：让男孩从挫折中总结经验教训

有一个妈妈的教育经验是这样的：

7岁的儿子无论做什么事情，稍微遇到点儿困难，就喜欢退缩。在学校，画不好画，回家也生气；老师提问回答不上来，回家也哭，他对我说自己太笨了，不想去学校了。我没有斥责儿子，而是帮助他分析原因，总结经验教训。例如儿子画不好画，是因为他练习的时间少，所以我让他多练习，并且带他去亲近大自然，引导他发挥想象力，同时还给他买了一些画册。

另外，我让儿子学会预习和复习功课，上课注意听讲，老师提问要大胆发言。儿子在我的引导下发现了自己的不足，并且加以弥补，再加上他自己的努力，儿子又恢复了对上学的兴趣，而且画画和学习都进步得非常快，他也变得越来越有自信。

这真是一个聪明的妈妈，她懂得让儿子从挫折与失败中看到希望，并且化挫折为动力。所以，对于男孩在生活、学习中遇到的挫折，妈妈要帮助男孩总结经验教训，让男孩学会查漏补缺，及时地弥补自己的不足。

挫折是激发男孩潜能的有效途径，只有经历过挫折的男孩，才能得到真正意义上的成长，也才能更接近成功。

方法三：学会对男孩“狠一点儿”

君威从小就是妈妈的骄傲，每次考试都是年级前三名。所以，从小到大除了学习，妈妈什么家务活儿都不让他做。现在他已经上初二了，个子比妈妈高，可他还是像小学时一样，什么事都不管不问，就连自己的房间也是妈妈每天帮着收拾。

有一次到妈妈的朋友家做客，她的儿子和君威一样大，在家什么事都自己做，还帮妈妈做许多家务活儿。君威妈妈意识到自己再也不能溺爱儿子了，决定改变一下儿子。

有一天，君威放学了，回到家一看妈妈还没回来，饭也没做，家里还乱七八糟的。他并没有理会，而是像往常一样看起了电视，等妈妈回来做饭。7点多了，天都黑了，妈妈还没有回来。君威肚子饿得咕咕叫，他不耐烦地给妈妈打电话。妈妈在电话中说她今天有事，可能很晚才回家，让君威自己做点儿饭先吃。听了妈妈的话，君威傻眼了，长这么大自己还从来没有做过饭，就连灶具怎么用都不会。没办法，他只好一直等妈妈回来。等妈妈回来的时候，他已经睡着了。没吃晚饭的君威早早地就被饿醒了，看到妈妈起来为自己做早点，他也赶紧跑到厨房，看妈妈怎么用灶具，怎么做饭。看到儿子这样，妈妈心里很高兴。

培养出亿万富翁儿子的沙拉在其著作《特别狠心特别爱》里这样写道：“心软是害，狠心是爱。谁溺爱孩子，谁总有一天会为孩子包扎伤口。”没错，你对儿子的溺爱与包办，最后只会害了他。

所以，很多时候，妈妈应该对男孩“狠一点儿”。当然，这里

不上学你干什么，别胡闹，以后不准再说这样的话！
妈妈，我不想上学了。
哦？为什么呢？能告诉妈妈你的想法吗？然后，我们再想办法解决你遇到的问题。
妈妈，我不想上学了。

的“狠”，不是斥责打骂，不是没缘由的批评抱怨，而是让妈妈学会放手，让儿子学会自己做决定，自己去思考。唯有这样，他才能真正学会坚强、责任、勇敢、独立。

2. 挫折和不幸，是天才的晋身之阶

法国著名作家巴尔扎克说过：“挫折和不幸，是天才的晋身之阶，信徒的洗礼之水，能人的无价之宝，弱者的无底深渊。”没错，挫折、失败、不幸等都是上天送给男孩最好的礼物，只要男孩学会正确面对它们，那么男孩便会从挫折中获取勇气，从失败中看到成功，从不幸中汲取幸福。

有位日本学者说过：“任何事情都要经过自己的努力，对孩子进行努力教育和挫折教育，让他们在失败中学会本领，将来才能自食其力。”巴雷尼的事迹正好印证了这句话。失败是每个男孩都会遇到的状况，而没有经历过失败的人就体会不到成功的快乐。

要让男孩多经历挫折与失败，让他学会在挫折与失败中不断磨炼自己的意志，不断提高自己各方面的能力。所以，当男孩面对失败时，妈妈应该教育他坦然面对，并且鼓励他从失败中走出来。

下面这些方法有助于妈妈鼓励男孩正确面对失败。

方法一：协助男孩分析失败的原因，总结经验教训

上小学四年级的周斌是一个很要强的男孩，所以他平时学习很努力，也很积极参加各项集体活动，最近他正在为学校的演讲比赛忙碌着。但是这天放学回家，妈妈发现儿子情绪很低落，连晚饭都没吃就把自己关在了房间里。妈妈问他：“小斌，怎么啦？”周

斌说："今天演讲比赛选拔赛我没有过，真是太失败了！"妈妈想了一下说："你自己回忆一下，为什么没有过呢？是感情不丰富，还是普通话不标准，或者是演讲稿没有记熟练？"周斌仔细回想了一下说："我普通话还行，演讲稿因为时间紧记得不熟，但是老师说我挺有感情的。"妈妈说："现在你知道了失败的原因，那么你可以多花点儿时间在背诵演讲稿上，感情还可以再丰富些，三天后不是还有一次选拔赛吗，妈妈可以先做你的听众。"听到妈妈这样说，周斌又充满了信心，他开始熟记演讲稿。三天后，周斌不仅通过了选拔赛，而且在学校的演讲比赛上还获得了亚军。他的获奖感言是："如果不是妈妈帮助我分析失败的原因，那我就会错失这次成功的机会。"

因此，妈妈在发现儿子经历失败时，应该协助儿子找出失败的原因，并且和他一起总结经验教训，让他重新振作再次出发，相信男孩一定会在失败之后迎来成功。

方法二：告诉男孩失败没什么大不了，不要轻言放弃

有一个妈妈的教子经验是这样的：

儿子8岁生日这天，我送给了他一个需要自己组装的飞机模型，希望能提高他的动手能力。刚开始几天，儿子一心都扑在组装他的飞机模型上，可是我发现他不是这个零件安装错了，就是那个零件多出来了。失败了几次之后，儿子有些气馁了，他说："妈妈，这个太难安装了，我不行，你帮我吧。"我笑着说："儿子，不要放弃，妈妈相信你能凭借自己的能力安装好。再说，失败没什么大不了，只要不放弃，慢慢摸索，你一定会成功的。"听了我的话，儿子点点头，又继续摆弄他的模型。没想到，当天晚上，儿子就拿着安装好的飞机模型兴奋地冲进我的房间："妈妈，妈妈，你

看，我安装好了，厉害吧！”看着儿子因为成功而自豪的笑脸，我竖起大拇指说：“儿子，你真了不起！下次，我们来挑战游轮模型吧！”儿子一拍胸脯，自信地说：“没问题，绝对难不倒我！”

这真是一个聪明的妈妈。当儿子因为安装飞机模型失败而情绪低落时，她没有怜悯儿子，也没有表现出对儿子的失望，而是让儿子明白，失败没有什么大不了，只要不放弃，就一定会取得成功。

男孩的一生中不可避免地要遭遇很多失败，如果男孩在失败时不能及时得到正确的引导，往往会失去自信，变得软弱和退缩。相反，如果得到适当的引导，他就会坦然面对失败，渐渐培养出应对失败的承受力和意志力。所以，妈妈要告诉男孩失败没什么大不了，让他学会不放弃。

3. 把忧患意识植入男孩的心灵

忧患意识，就是一种清醒的预见意识和防范意识，更是一种紧迫感、危机感、责任感、使命感。教育的最终目的，就是希望男孩能够真正成长为一个有责任感、使命感，能够不断努力上进的人。

有一个妈妈找到心理专家倾诉自己的苦闷：

为了让15岁的儿子将来能有出息，我不惜花费大量的金钱将他送到美国的一所学校读书，可是还没到两个月儿子就打电话回家，让我们去陪读，他说他忍受不了凡事都靠自己的苦。可是我一点儿英语都不会，而且家里还有老人要照顾，根本无法去陪读，所以不得不给儿子打电话说：“我们送你去美国的目的就是希望你多吃点儿苦。”没想到，没过多长时间，儿子竟然自己买飞机票回国了，我被他一下子气病了，真不知道他为什么一点儿苦都吃不了。

柏杨先生说过：“太浓的忧患意识使人变成惊弓之鸟，太淡的忧患意识使人麻木不仁。”上述事例中的男孩就是因为妈妈在生活中没有培养他的忧患意识，再加上自理能力差、依赖性强等，导致他无法适应陌生的环境。

生活中，妈妈应给予男孩更多独立的机会，更多应对挫折的锻炼。正是因为现代社会孩子生活的环境越来越好，在妈妈的保护下走得越来越顺，忧患意识对孩子来说才显得更加珍贵。那么，有哪些方法可以帮助妈妈提高男孩的忧患意识呢？

方法一：利用历史典故，培养男孩的忧患意识

为了从小培养凯凯的忧患意识，妈妈经常去书店为他买一些适合他阅读的历史书籍和文学书籍，然后给他做简单的讲解。例如，妈妈给凯凯讲越王勾践卧薪尝胆，告诉他越国战败之后，勾践心怀亡国的耻辱，时时鞭策自己，终于灭掉敌国，重建了自己的国家。妈妈还告诉凯凯中国历史上有些朝代的覆灭，很多是君主缺乏忧患意识，只知安于享乐造成的。渐渐地，凯凯明白了，只有不断地努力和进取，才能让自己变得更加强大。

生活中，妈妈可以利用一些历史典故，让儿子明白那些具有忧患意识的人往往能够成就一番伟业，而那些缺乏忧患意识的人容易在安逸中迷失自我，甚至走向失败。

方法二：增强男孩的危机感和忧患意识，提升其竞争力

有一个妈妈的教育经验是这样的：

我儿子舟舟在班里的学习成绩一直不错，尤其是英语，他不但领悟能力强而且记忆力也很出色，所以每次的英语成绩都不错。但是最近我发现儿子根本不学习英语，而是把时间都用在其他科目或

者游戏上，我问他原因，他说英语很容易，考试前复习一下就行。我对儿子说："虽然你的英语成绩保持得不错，但我听说你们班张强的英语也很好，而且他的口语是你们班最棒的。"我这句话似乎让儿子有了危机意识，他又重新把学习时间分配给了英语。后来，我还告诉儿子，凡事都要有一种危机感和忧患意识，这样才能不断激发潜能，才能让自己变得更优秀。儿子接受了我的建议，让自己时刻保持危机感和忧患意识。

增强男孩的危机感和忧患意识，提升男孩的竞争力，能够为他今后取得成功打下良好的基础。

4. 培养勇敢之心，做有勇气的男孩

生活中，凡是那些勇敢的男孩都敢于面对各种逆境、挫折，并且能够变压力为动力；具有冒险精神，勇于面对变化；面对竞争，他们寻求创新，并敢于承担责任，这样的男孩自然能够把握机遇，成就未来。

一位哈佛大学的心理学教授说过："勇敢的精神是一个人不可或缺的元素，因为哪怕是人类的每一个微小的进步，都需要勇气作为先导。"做人不能墨守成规，贪图安逸和享乐，应当勇字当头，敢于前进。对于一个男子汉而言，勇气更是必不可少的素质。

勇气是男孩成功的要素，它和情商、智商一样重要。因此，妈妈一定要重视培养儿子的勇气，让他拥有健康、自信的心态。

方法一：收起妈妈的"保护伞"，还儿子自由

男孩想去爬山，妈妈会拒绝，理由是山太高了，不安全；男

孩想出去玩泥巴，妈妈又不同意，怕他弄脏衣服；男孩想去玩水，妈妈听到后更不同意："不行，湖里会淹死小孩的。"渐渐地，男孩在妈妈"保护伞"的庇护下，变得缩手缩脚，不管是做事还是交友，都显得力不从心。

一次，心晖的父母带他出去爬山。在爬一个小土坡的时候，心晖显得有些害怕，不时地回头看爸爸妈妈。爸爸有意让儿子锻炼一下，所以没有上前去扶他，但是妈妈却非常担心儿子的安全，所以冲过去把他抱了起来……

如果妈妈真心疼爱儿子，就不要过分限制他的活动，不要事事包办，更不要过分夸张地保护他，使他每天战战兢兢地生活。相反，妈妈要在儿子很小时，就给他一定的施展空间，让他尽情发挥自己的能力，自由自在地交友、娱乐，只有这样，才能在潜移默化中培养他的勇气。

方法二：不要把儿子当成弱者

一天，妈妈带着10岁的小杰去医院打针。挂号的时候小杰有点儿害怕，一旁的妈妈安慰他说："别怕，妈妈会一直在你身边。"进了诊疗室，小杰紧紧地抓住妈妈的手，哭哭啼啼让妈妈领他走，说什么也不让护士给他打针。这时，一位老护士走过来对妈妈说："请您出去，离开您的孩子！"妈妈不情愿地走出了诊疗室，并焦急地等待着。不一会儿，小杰平静地走出来。妈妈搂过小杰问："宝贝，疼不疼？" 小杰说："有点儿疼，但是我没哭！"

后来，老护士解答了妈妈的疑问："妈妈守在孩子身边会让他产生依赖感，就会任性、撒娇。我让您离开是要促使孩子自己直面痛苦。当孩子发现没有了依靠，就会靠自己的意志和毅力战胜疼痛和心中的胆怯。"

其实，大多数孩子并不像你想象中的那样胆怯和懦弱。有位教育专家说过：“如果把孩子的生命比喻成一把披荆斩棘的刀，那么挫折就是一块不可缺少的砥石，为了使孩子生命这把‘刀’更锋利，必须先摆脱妈妈过分保护的教育方式。”

生活中，妈妈不要把儿子当成弱者，给他磨炼的机会，让他充分认识到自己的能力，形成“我能行”的心态，勇敢地面对人生中的各种考验。

5. 怯懦是成功的绊脚石

每个妈妈都希望儿子成长为一个顶天立地的男子汉，而且勇敢、坚强、自信、有责任心、诚实、可信赖、乐于助人、懂得奉献。

不过，在现实生活中，很多男孩却表现得十分怯懦，他们与同学交往时面红耳赤，表达能力差，不敢举手发言，被人欺负时忍气吞声，很少在公共场合讲话，不愿参与各种活动，遇事爱哭，自信心不强……如果这些不加以矫正，将会成为制约男孩发展的绊脚石。

刚上初一的滨海，一直梦想当一名出色的演说家，所以他不断地练习演讲。有一次，滨海参加全区的中学生演讲比赛，结果名落孙山，这个结果对他的打击很大，他开始不停地在心中这样问自己：“我是否在做梦？我是不是不切实际？以后大家会怎么看我？我难道真的不是这块料？”从此以后，滨海变得唯唯诺诺，总觉得有人在背后议论自己，以后在课堂上也不敢发言了，跟以前相比判若两人。

一般来说，男孩性格怯懦，主要有这样几种原因：男孩体弱多病，间接导致男孩性格怯懦；父母过度限制男孩的活动，唯恐发生危险或意外；生活单调，外出与人交往机会少，平日接触的人也少，造成男孩不合群、不爱说话、适应能力差、胆小；家人经常恐吓、训斥、打骂男孩，影响其正常的性格发展。

因此，妈妈应该端正自己的教育态度，不溺爱、不娇惯，也不打骂儿子，而是鼓励儿子去和别人交往，变得勇敢、大方起来。

下面这些方法有助于妈妈改变儿子怯懦的性格。

方法一：增强男孩的自信心，驱除他内心的恐惧感

这天，9岁的鹏涛垂头丧气地回到家。妈妈问他怎么回事，鹏涛说："今天上体育课和大家玩'跳山羊'的游戏，可是我试了几次都不敢跳，同学们都说我是胆小鬼。"妈妈说："害怕是很正常的，毕竟你以前也没有玩过这个游戏。不过，'跳山羊'这个游戏也是有技巧的，比如你要先从低一点儿的距离开始跳，然后一点点增高距离。这样，你先从家里的小板凳跳起，然后不断往上加枕头，这样就不会害怕了。" 鹏涛听了妈妈的建议，在客厅里铺上了软软的地毯，然后拿来自己的板凳，再放上一个枕头，结果轻松地跳了过去，慢慢地，他心中的恐惧感被自信代替，胆子变得越来越大了。

孩子心中对某件事物有恐惧感很正常，所以，妈妈要不断给他暗示，肯定他的能力，增强他的自信，驱除他心中对事物的恐惧感，让他鼓起勇气，勇敢地尝试。当他因为自己的勇敢无畏而体验到成功时，男孩就会更积极地行动。

方法二：让男孩学会果断行动，并培养他的独立和尊严

有一个妈妈是这样教育儿子的：

我儿子做事缺乏果断性，而且很怯懦。比如他要做一件事情，

需要很长时间才能下定决心，而等他决定好的时候，机会可能已经错过了。例如有一次，他在家准备英语朗诵已经很充分了，就等着老师上课提问。但是上课的时候，他先是想着等老师提问完上一个同学之后再举手，但是等他鼓足勇气决定举手的时候，老师已经结束了提问。所以，为了改变儿子的怯懦，我给他定了一个“三秒钟决定法”，即想要做决定的时候，给自己三秒钟的时间必须拿主意。慢慢地，儿子做事情越来越果断，胆子也大了很多。

很多时候，那些怯懦的男孩并不是不想改变，他们也冥思苦想过该怎么办，然而本来可行的方案却只停留在脑海里，没有果断地付诸行动，以致错失良机。

因此，妈妈要建议儿子，只要是他看准了的，就要当机立断，勇敢地付诸行动，在实践中增长才干。另外，妈妈还要培养儿子的独立意识和人格尊严，这样他就不会逆来顺受或者任意受人欺负。

第五章

打造男孩一级棒的心理素质

1. 帮助男孩走出孤独的阴影

孤独在孩子的世界里是指他的社会交往动机和合群行为得不到满足时所产生的一种内心体验。很多妈妈对于儿子保护过度，从小就将儿子封闭在自己的“保护伞”里，使他与外界隔离。这样做也许对儿子起到了一定的保护作用，但同时也让他失去了成长过程中所需要的“养分”，例如关爱、友谊、分享、帮助别人、称赞等，一旦缺失这些“养分”，男孩就很容易产生孤独的情绪，因为没有人和他一起分享成长的喜悦和烦恼。

长期陷于孤独的男孩感受不到融入朋友和集体的自信和快乐，变得越来越冷漠、孤僻，因此，妈妈应该及早帮助男孩走出孤独的阴影。

郑凯10岁了，上小学四年级。爸爸妈妈由于工作繁忙，就把他交给爷爷奶奶照顾，直到他上学时才接回自己身边。郑凯的妈妈脾气暴躁，而且总是冲郑凯的爸爸发火，郑凯根本无法适应自己在父母身边的生活，所以他选择把自己关在房间里。

久而久之，郑凯觉得他的家根本没有温暖、快乐的亲情，而在学校里，每当看到其他同学喜笑颜开的样子，他就会更加郁闷，因为别人美好幸福的家庭让他感到既羡慕又自卑。于是，郑凯变得越发沉闷、孤独和冷漠，同学们感到他不易亲近，也都纷纷远离他，这让郑凯觉得世界上没有人能理解和接受他。他的学习成绩在不断下降，心情十分压抑，性格也越来越孤僻、怪异。

男孩孤独、封闭不利于他的身心健康，正如事例中的郑凯一样，他在长期情绪压抑和得到不朋友、家人的关爱下，变得抑郁、孤独、沉默、自卑，似乎周围的一切都无法引起他的兴趣。

那么，妈妈可以用哪些方法帮助儿子走出孤独呢？

方法一：鼓励儿子多与同龄人交往

心理学研究表明：人们在交往的过程中，会不断地萌发各种社会动机，形成合群、归属的心理需要。当这种需要获得满足时，合群行为和归属感得到强化，就会产生友爱、欢悦的心理体验。相反，当一个人的合群行为和归属感得不到满足时，就会感到孤独、寂寞和忧愁。长期被孤独感困扰的人，内心的感受会固定下来，形成孤僻的性格。

有一个妈妈的教子经验是这样的：

我儿子是个胆小、孤僻的男孩，没有一个伙伴，在学校里独来独往，回到家中也不出门，周末的时候，常常一个人在家里看电视。我见儿子这样，很是担心，就鼓励他试着跟同学多交往。开始的时候，儿子总是害怕，还因为不善于沟通，跟同学闹了很多矛盾。我总是鼓励和帮助儿子。渐渐地，儿子有了信心，也交到了几个好朋友。

由此可见，妈妈应该尽量使儿子和同学在一起，让他们共同探讨学习，切磋人生，进而通过广泛的交往寻觅志同道合的朋友。虽然有些男孩身边常常朋友成群，但是真正能与其分享快乐和忧愁的却没有几个，所以也会感到孤独。因此，培根说："没有真挚朋友的人，是真正孤独的人。"有了知心朋友，孩子彼此之间就能相互信任、相互理解，高兴时有人分享快乐，悲伤时有人分享苦闷，感情有所寄托，就不会感到孤独了。

方法二：多培养儿子广泛的兴趣爱好

凌浩上小学四年级，以前是个很孤僻的孩子，但是现在他的朋友很多。在三年级的时候，妈妈看到别的孩子三五成群地在一起玩儿或者热烈地谈论某个话题，而凌浩什么都不懂，只是站在旁边傻傻地听别人说，妈妈就决心多培养凌浩的兴趣爱好。经过一番努力，妈妈终于看到了成果，凌浩交到了几个志趣相投的好朋友。

兴趣狭窄常常导致男孩陷入孤独，培养男孩拥有广泛的兴趣，让他在自己喜欢的、有意义的活动中充实生活、寻找乐趣，当一种活动不能满足男孩的需要时，鼓励男孩进行多种活动。另外，有共同兴趣爱好的人，也容易快速交到朋友，这是摆脱孤独的有效途径。

2. 心有多大，舞台就有多大

有这样一个故事：

一个星期六的早晨，一个牧师正在为准备第二天的演讲伤脑筋，他的太太出去买东西了，小儿子由于没人照看一直在旁边吵个不停。牧师随手拿起一本旧杂志，顺手一翻无意间看到一张色彩艳丽的巨幅图画，那是一张世界地图。于是他把这一页撕了下来，撕成碎片，丢到了客厅的地板上然后对小儿子说："强尼，来，把它拼起来，我就给你两毛五分钱。"牧师以为他至少能安静半天，怎料不到十分钟，他书房就响起了敲门声："爸爸，我已经拼好了。"儿子强尼喊道。牧师惊讶万分，他怎么能这么快就拼好了，而且每一片纸都整整齐齐地排在一起，整张地图又恢复了原状。"儿子啊，你是怎么做到的？"牧师问道。"很简单呀！"强尼说，"这张地图的背面有一个人的图画。我先把一张纸放在下面，把人的图画放在上面拼起来，再放一张纸在拼好的图上面，然后翻过来就好了。我想，假使人拼得对，地图也该拼得对才是。”听完，牧师忍不住笑了起来，立马给了儿子两毛五的镍币。“儿子呀，你把明天我要演讲的题目也给了我，”牧师说道，“假使一个人是对的，他的世界也是对的。”

这个故事意味深长，想要告诉我们的是，如果你不满意自己的环境，想力求改变，则首先应该改变自己的心态；假如一个人有积极的心态，那么他周围所有的问题往往能迎刃而解。

积极的心态是心理健康的重要表现，它能让男孩充满自信、受人喜欢、知足常乐、倍感幸福，更重要的是它还能让男孩改变自我、改变世界。有一句话是“心有多大，舞台就有多大”，说的正是这个道理。所以，为了你的儿子能够获得成功，你应该让他养成积极进取的心态，让他成为一个进取心强、乐于迎接挑战的人。

方法一：鼓励男孩参加各种竞赛

让男孩多参加竞赛活动，既可以让他适应激烈的竞争，又可以培养他的自信心。有些男孩不愿意参加竞赛类活动是因为缺乏自信，害怕在大庭广众之下丢面子。这时，妈妈需要多给他鼓励，并告诉他比赛的成绩并不重要，重要的是比赛的过程以及在比赛过程中得到的锻炼和提高。当儿子参加完比赛，无论比赛成绩如何，我们都要提出适度的表扬，这样可以提高他参加比赛的积极性。我们应该相信，当儿子勇敢地迈出展现自我的第一步，他会慢慢变成一个自信、积极进取的人。

方法二：为男孩树立理想和目标

小强是一个聪慧的小男孩，但是由于不用功，学习成绩在班里排到了中下等。

有一天，妈妈趁着小强高兴，对他说：“新学期到了，妈妈给

长大后我也要做斗牛士！
你难道不知道这有多危险，很容易丢掉性命的！
你真有想法！不过，要想做个真正的斗牛士，你得先做个勇敢的男子汉！
长大后我也要做斗牛士！

你制订一个学习目标，好不好？”小强非常爽快地答应了。妈妈说：“上次期末考试你的成绩在40个人里面排名第23位，这次期中考试能不能排到20位呢？”小强想了想说：“一共才前进3个名次，没问题。”妈妈说：“既然你同意妈妈制订的学习目标，那我们就用笔写下来，贴在你的书房里。”妈妈找来纸和笔，把制订的学习目标写下来，贴在儿子的书房里。以前，小强十分贪玩儿，但是每当看到这张贴在墙上的学习目标时，他马上就不玩儿了。小强本来就非常聪明，再加上学习比以前用功，他的考试成绩一下子前进了14名。

小强的妈妈懂得为儿子制订学习目标的重要性。有一句名言是这样说的：“理想是前进的动力，是照亮道路的火炬。”一个人树立了理想和目标，在前进的道路上会充满动力，并且不会迷失方向。所以，我们要引导男孩树立远大的理想，并且鼓励他为自己的理想去拼搏、去奋斗。

另外，在给男孩制定目标方面，我们应该遵循下面两个原则：第一，不要把自己的意愿强加给他。如果这项目标是妈妈单方面制订的，孩子不仅没有执行的兴趣，甚至会产生厌烦的情绪，这项目标自然也不会得到很好的执行。第二，制定的目标要适中，最好是男孩跳一跳就能够得到的那种。如果我们把目标制订得太高，男孩不仅不能完成，还可能会挫败他的积极性和进取心。

3.驱除男孩的虚荣心

随着青春期的到来，男孩往往会变得特别要面子，自尊心也越来越强，于是很多妈妈发现儿子开始变得虚荣了：

“我儿子上了初中之后，我发现他竟然主动开口问我要新衣服、新鞋子，而且不是品牌的他还不穿！”

“昨天，满脸沮丧的儿子对我说不想上学了，我问他为什么，他说自己什么都比不过其他同学，在学校他觉得很丢人！”

……

你的儿子是不是也有以上这些虚荣心的表现呢？其实，青春期的孩子有点儿虚荣心很正常，但过度虚荣会让男孩变得很累，甚至会做出一些令自己感到后悔的事情。正如有人说的那样：“虚荣心很难说是一种恶行，然而一切恶行都围绕虚荣心而生，都不过是满足虚荣心的手段。”

或许下面这个男孩的经历会给妈妈一些警示：

晓震是一名15岁的初三学生，从上初中开始，他就特别注意自己的穿着打扮，他觉得走在路上好像每个人都在看他，如果他穿得普通或者土气一点儿，就觉得别人的眼睛里都是鄙视和嘲笑，而如果他穿得很时尚、很帅，那些留在他身上的目光就是赞叹和肯定。正是因为有了这种感觉，所以他每天都花费很长时间来穿衣打扮，不捯饬好自己绝不出门。但是因为晓震的家里并不富裕，爸爸妈妈给他买衣服的钱很有限，他就开始自己想办法弄钱。一开始他是把爸爸给他买的电脑卖掉，后来他竟然去偷别人的东西卖，而所得来的钱不是买衣服，就是请好哥们儿吃饭、上网。后来，晓震没有参加中考，而是在一次偷窃的时候，被警察抓住关进了少管所。

可能很多妈妈会认为晓震只是一个特例，事实上，任何一个男孩的虚荣心如果得不到正确的引导，都可能导致他走向歪路。更何况，青春期的男孩为了他最看重的自尊心，为了能追赶时尚，为了吸引别人的注意，他们可能会去做一些冲动的事情。所以，妈妈必须想办法正确引导男孩膨胀的虚荣心。

方法一：引导男孩用平常心对待学习、生活

所谓平常心，其实就是无论遇到成功还是失败，都能保持一种淡然的心态，但平常心不是消极地对待事情，而是要积极主动、尽力地去做某件事情，同时又要具有顺其自然和不苛求完美的平和心态。真正的平常心，就是一种从容淡定的自信心。

有一个妈妈是这样做的：

我发现儿子自从上了中学，他就变得很虚荣，甚至开始变得有些自负、骄傲，例如生活上，他总是希望自己吃的、穿的、用的比其他同学好，如果他在这些方面都比不上别的同学，那他的情绪起伏就会很大，而且会对别的同学产生忌妒心。我不希望儿子因虚荣而影响他的成长，所以日常生活中我总是教导儿子要保持一颗平常心，凡事不要太计较，要学会公平竞争，我告诉他只要他努力地去做事、学习，那么就算不成功，大家也会喜欢他、尊重他。慢慢地，儿子领悟到了我口中的“平常心”，他不再追求外表的光鲜，而是成了一个积极努力的男孩。

方法二：教导男孩凡事多谦虚、多务实，学会真诚对人

林枫是某市一名中学生，平时爱吹牛，喜欢追求物质享受，而且不肯踏实地好好学习，结交的朋友也都是社会上的小混混。林枫的家里并不富裕，但他对朋友说自己的父亲是大官，妈妈是企业经理，家里有豪车。在虚荣心的驱使下，他和几个好哥们儿开始溜门撬锁，然后用偷来的钱买衣服、住豪华酒店……后来，林枫干脆不上学了，就连他的父母都不知道他去了哪里。

可见，过度的虚荣心会给青春期男孩造成十分不利的影响，所以，妈妈要想驱除男孩的虚荣心，必须教导他学会凡事谦虚谨慎，务实肯干，真诚对人，这样才不会因虚荣而影响了自己今后的发展。

4. 让男孩克服忌妒心理

忌妒心理在男孩中间是普遍存在的，再加上现在大多数家庭只有一个孩子，他们很容易形成以自我为中心的心理，认为所有人都应该让着自己、关注自己，好东西都应该是自己的；心理调节能力差、社会经验不足、过分羡慕他人、渴望得到师长重视和周围人的羡慕等，这些都是忌妒心理形成的因素。

由于家里还有个哥哥，10岁的飞飞总觉得爸爸妈妈不喜欢自己。无论是外出游玩儿、生日派对，还是跟爸爸妈妈在一起时，他老是抱怨爸爸妈妈偏心。

教育专家指出，过分忌妒会影响男孩正常的心理发育，使他们在自己与别人的对比中感到自卑，妨碍孩子自信心和自尊心的建立。

通常来说，对男孩的忌妒只要很好地教育引导，便可以将压力变为动力，激发他发奋上进，培养其健康的性格和良好的品德。

那么，妈妈如何帮助儿子远离忌妒呢？

方法一：关注儿子的暗示，并与他共情

男孩有时很难控制自己的情绪，但对于妈妈来说，观察儿子的行为方式、掌握儿子的情绪动态却并不难。当儿子忌妒心理爆发的时候，他的行为经常会出现相应的变化，比如搞破坏、哭泣或者说忌妒对象的坏话、爱打小报告等。这时，妈妈需要与儿子共情，并倾听儿子内心的想法。

方法二：不要拿儿子与别的男孩做对比

妈妈可能注意不到，你在谈论其他孩子时，一句无心的话，或者只是一个微笑、一个眼神、一个耸肩的动作，甚至抬一抬眉毛，都可能被男孩解读为比较。尤其是当他自认为在某方面没有别人做得好的时候，就很容易诱发对他人的忌妒。

有一个妈妈就曾遇到这样的情况：

一天，我跟林林妈妈说，林林新穿的衣服很帅气，而我儿子穿衣服就没有这么帅气。没想到，第二天，我儿子就要求我带他去商店买和林林一样的衣服！我一下子就意识到是自己的评价引发了儿子的忌妒心，从此以后，我非常注意，不拿儿子和别的孩子做无意义的比较。

这个妈妈改正得非常及时，而且很明智地平息了儿子的忌妒心理。妈妈都应注意，千万不要随意拿自己的儿子和别的孩子做比较。

方法三：帮助儿子发现自己的长处

缺乏自信心的男孩总喜欢强调自己的弱点，而且那种低人一等的感觉更容易引发他的忌妒心理。因此，妈妈必须帮助儿子建立自信，发现自己的长处，让他有为自己而骄傲的资本。假如男孩在音乐方面有天赋，妈妈就应该多多鼓励；每当男孩自己解决了一个问题或者取得了一点儿进步，哪怕只是背会了一首诗，你也应该让他知道你注意到了，并且为他而骄傲。

有关专家指出，当男孩为自己感到骄傲的时候，他就更容易接受别人在某方面比自己优秀。这种自信不但可以帮助男孩克服忌妒心理，更有利于他塑造自我。

5. 纠正男孩说谎的坏习惯

德国著名诗人海涅说过这样一句话："生命不可能从谎言中开出灿烂的鲜花。"一个善于用谎言来掩盖自己行为的男孩会变得自私、虚伪、推卸责任、虚荣。所以，妈妈一定要纠正男孩说谎的坏习惯。

有一个妈妈最近就在为说谎的儿子头疼不已。

上周五，我去接儿子放学的时候，在校门口遇见了他的班主任。我们聊了一会儿，结果我才知道儿子竟然对老师、同学说，我和他爸爸离婚了，我还离家出走了，可是儿子每天还吃着我精心烹调的饭菜。得知这一切的真相，班主任和我都非常震惊：一个才13岁的孩子竟然能不留痕迹地骗过老师和同学！

为什么男孩会说谎呢？难道他不怕被人揭穿吗？男孩之所以说谎，一般有以下几种原因。

第一，男孩为了逃避责任说谎。很多说谎的男孩以为只要没有人看见他做坏事、做错事，就可以逃避责任，也可保持自己在家人心中的好形象。

第二，男孩因为虚荣心强说谎。每个孩子都或多或少地有虚荣心，所以有些男孩喜欢吹牛。

第三，男孩为了满足自己的某种物质需求等而说谎。

第四，男孩为了报复别人而说谎。有些男孩对父母、老师的教导心怀不满时，会选择用说谎的方式向其示威、挑衅。比如，当妈妈问他作业做完没有，明明他已经写完了却故意说没写完，以此来激怒妈妈。

妈妈，我要变形金刚玩具。我们班同学都有。
又在说谎！我不信你们班同学都有，快出去，我要做饭！
妈妈，我要变形金刚玩具。我们班同学都有。
真是这样吗？如果你真想要那种玩具，就要和妈妈说实话，不能说谎。

因此，妈妈要细心辨别，然后“对症下药”，千万不能打骂。

下面这些教育方法可以帮助妈妈纠正儿子说谎的坏习惯。

方法一：妈妈要以身作则，不能说谎

一个经常说谎的男孩在挨妈妈训斥时曾这样回击他的妈妈。

“为什么你批评我说谎，明明你才是经常说谎的人！难道你忘了吗？这学期考试前，你跟我约定只要我考试拿双百，你就带我去游乐场玩儿。可是，我拿着满分的卷子给你看时，你却说工作忙，等有时间再去，最后也就不了了之。有一次，李阿姨向你借钱，明明咱家有闲钱，你却说家里经济紧张。还有一次，有人打电话找你，你却让我对人家说你出去了……为什么你不先检讨你自己，反而在这儿挑我的毛病呢！”

所谓“近朱者赤，近墨者黑”，妈妈是儿子的第一任老师，其言行无时无刻不对男孩起着潜移默化的影响。因此，妈妈要想让儿子形成什么品格，养成什么习惯，自己就应该具备这样的品格和习惯。只有妈妈做到不说谎，儿子才能改掉说谎的坏习惯。

方法二：教儿子学会承担责任

日本著名的学者高桥敷在他的《丑陋的日本人》一书中，有这样一个故事：

我的邻居是一对美国夫妇，他们有一个可爱的儿子。一天，他们的儿子在踢球时，不小心踢碎了我家的门玻璃。我在心中暗想：邻居当天一定会出面道歉。可是一直到深夜，我也没见到他们的人影，心中难免有些不悦。第二天早上，我被急促的门铃声叫醒，原来是邻居家的小男孩。他在出租车司机的帮助下，送来了一块全新的玻璃。小男孩彬彬有礼地对我说：“叔叔，对不起，昨天我不是有意打碎你家玻璃的。因为当时商店已经关门了，所以我无法及时赔偿。今天商店一开门，我就去买了，请你收下并希望你能原谅我。”听完小男孩的检讨我不但原谅了他，还由此喜欢上了他。

俗话说“好汉做事好汉当”，当男孩做错了事，妈妈要鼓励他主动道歉，不要以找借口、说谎的方式推卸自己的责任，告诉儿子要为自己的言行负责。

6.心浮气躁是男孩成长的大敌

心浮气躁，是指做事无恒心，不安分，总想投机取巧，成天无所事事，脾气大。男孩心浮气躁的心理表现形式通常为想不到、听不进、坐不住、管不牢、忙不停、写不完、长不了等。

想不到：在自己支配的时间内，不知道该做什么，不知道什么先做什么后做，甚至手足无措，一会儿看看这本书，一会儿又看看另一本。

听不进：对课堂上老师讲的知识无兴趣，或自搞一套，或哈欠连天，根本不管老师讲什么。

坐不住：在课堂上找各种借口挪位子，或是东张西望，交头接耳。

管不牢：废话连篇，沉迷于侃大山，管不住自己的嘴。

忙不停：兴头上来时，马上动手去做，乱忙一气，希望快刀斩乱麻，一下子把事做完，却常常忙中出乱，甚至殃及他人。

写不完：跟老同学交往过密，整天沉迷在信息往来中，乐此不疲。

长不了：在老师批评之后或考试后，短时间内能意识到自己的错误和不足，也能付出一定的努力，但几天之后，依然故我，虎头蛇尾，不了了之。

心浮气躁还表现在男孩在面对各种变化和竞争时，心里没底，恐慌不安，对前途没有信心。情绪上表现为心态急躁，急功近利，与他人进行攀比时，更显出一种焦虑不安的心情。这样会让男孩在学习、生活、与人交往中变得冲动、不计后果、不善思考，甚至因此做出后悔莫及的事情。

那么，造成男孩心浮气躁的原因有哪些呢？一般来说，内部原因分为个体的神经类型、人格特征、个人认知对孩子的影响；外部原因主要是社会环境、家庭教育和学校教育对孩子的影响，而其中最为重要的就是家庭教育中的引导。

那么，妈妈如何帮助男孩克服心浮气躁的毛病呢？下面这些方法或许能给妈妈一些启示。

方法一：有意识地培养儿子专注的好习惯

有一个妈妈是这样“对付”心浮气躁的儿子的：

儿子在家复习功课的时候，老是喜欢东瞅瞅西摸摸，一会儿上厕所，一会儿喝水，一副心不在焉的样子，当他意识到我盯着他时，他才乖乖地低下头，眼睛盯着手中的复习资料，我注视了儿子几分钟，总感觉他没有全身心地投入复习当中。于是，我走到儿子身旁，轻轻地告诉他，待会儿我想要看看他复习的效果如何，相信儿子不会让我失望的。接下来，儿子一鼓作气，开始专注地复习了。

其实，男孩天性活泼好动，因此注意力经常不集中，这时，妈妈就可以从训练男孩注意力的持久性入手，有意识地培养男孩做事专注的习惯。同时，妈妈应尽量创造一个良好的环境，避免男孩的注意力分散。例如应尽可能避免一切外来干扰，当男孩在学习时，要把电视、电脑、手机等可控制的干扰关闭，排除可能分散男孩注意力的因素，为男孩提供一个安静的学习环境。另外，当男孩要求独自玩游戏时，在没有危险的情况下，妈妈不要进行干预，过多的干预会影响男孩专注力的发展。

方法二：要培养儿子做事认真的好习惯

认真对于男孩来说是一种能力，一种聚精会神的能力，更是深入一件事情和彻底弄懂一件事情的能力，也是时时刻刻全力以赴学习的能力。所以妈妈在教育男孩时，不能只相信儿子说学会了、听懂了，而是让孩子真正做出来、表现出来，才是真正地会了、懂了。

妈妈发现肖志是一个很浮躁的小男孩，做事很不认真，最近他参加了学校的绘画兴趣小组，可是每一幅画他都无法认真地画完，不是少了这个就是多了那个。妈妈经常提醒他，可是他就是改不了这种丢三落四的毛病。

其实，现实生活中像肖志这样的男孩有很多，做事喜欢丢三落四，没有养成做事认认真真的好习惯。因此，为了男孩将来能够做事谨慎获得成功，妈妈一定要培养儿子做事认真的好习惯。

7.积极乐观让男孩的未来充满阳光

乐观是一种性格，也是一种积极的生活态度，是人内在的动力源泉。华盛顿说过：“一切和谐与平衡、健康与健美、幸福与成功，都是由乐观向上的心理产生和造成的。”因此，每个妈妈都想让儿子拥有乐观的性格，获得美满的人生。但生活中还是有一些男孩习惯用悲观的眼光看世界。研究表明，悲观情绪的产生与孩子从小接触的环境和所受的家庭教育有很大的关系。

在日常生活中，妈妈的情绪很容易传染给孩子。例如妈妈早上醒来时，发现当天是个阴雨绵绵的天气，就随口说一句：“这该死的天气，又下雨了。”这句话就可能让男孩产生消极、悲观的想法。但是如果妈妈说：“下雨真好，小花小草们都有水喝了。”这往往会给男孩一个积极、乐观的暗示。

乐观的性格如同其他习惯一样，是可以通过培养和训练获得的。培养男孩乐观的性格，不仅需要妈妈的智慧和耐心，还要讲究一些方法和技巧。

方法一：给男孩传递乐观的信息

有一个妈妈要忙于工作，没有时间陪儿子玩儿，她对儿子说：“烦死了，下班后还有这么多工作要做，哪还有时间陪你胡闹。”

同样的情况下，另一个妈妈却对儿子说：“孩子，妈妈的工作没做完，还要忙一会儿，等晚些时候再陪你玩儿。”

两种回答虽然传递了同样的信息，但是会给男孩的情绪和认知造成不同的影响。前一种回答会让男孩觉得工作是一件令人厌烦的事情，而后一种回答则会让男孩觉得妈妈很能干，进而产生自豪感。

在教育男孩时，妈妈首先要学会乐观做人，对任何事都要持乐观的心态，营造快乐的家庭氛围。另外，在生活中，要多向男孩灌输一些乐观主义的思想，告诉他任何困难都是暂时的，没有过不去的坎儿。

方法二：当男孩消沉时，及时帮助他恢复愉快的心情

每个人都会有情绪消沉的时候，有的人能迅速恢复愉快的心情，而有的人却深陷其中。当男孩因某件事情陷入痛苦或忧虑时，妈妈应告诉男孩，任何事情都有两面性，要引导男孩去发现事情积极的一面，教他享受其中的乐趣，恢复愉快的心情。

第六章

意志品质修炼，给男孩一个美好的未来

1. 做事有条理的男孩往往有出息

“妈妈，我的校服放哪儿了？”“妈妈，我的零花钱又提前花光了，你再资助一点儿呗！”“明天就要开学了，暑假作业还有那么多没做完，我该怎么办！”……每当你的儿子这样“无助”地向你发出求救信号时，你是不是常抱以无奈的态度伸出援手，并会在心中产生这样一个疑问：我的孩子怎么不会安排自己的生活和学习呢？

其实，这个问题解决起来很简单，最直接有效的方法就是让男孩养成做事有条理的习惯。生活中，一个有规划能力的男孩总是会提前做好计划，并按照计划有步骤地完成。

要想让男孩做事有条理，可以参考以下几个方法：

方法一：培养男孩的时间观念

拥有较强的时间观念是男孩制订计划、实施计划的前提。一个没有时间观念的男孩，做起事来经常拖延、磨蹭，很难把一件事顺畅、完整地做好。

小龙是个时间观念很差的孩子，每天放学回家就急忙放下书包跑到楼下玩儿，快吃饭的时候才回来。小龙吃完饭也不去做作业，跟妈妈讨价还价多看一会儿电视，等到可以安心做作业的时候已经晚上9点多了。但是，每次写完作业时小龙还要再摆弄一会儿玩具，翻翻漫画书。等到他躺下睡觉的时候，时钟已经指向了11点。第二天早上，妈妈又要像往常那样叫他很多遍才能起床，他经常连早饭也来不及吃就要跑向学校。

一段时间后，小龙由于上课注意力不集中，成绩开始下滑，

妈妈，我的校服放哪儿了？
自己去找，马马虎虎的毛病永远也改不了！
妈妈，我的校服放哪儿了？
我记得昨天你放书房了。下次把校服叠好后放床头上，这样你就不用再担心找不到了。

还经常因迟到被老师批评。这时，妈妈发现了儿子的问题，告诉他要有时间观念，并且帮他制订了作息时间。小龙严格按照作息表生活，逐渐地加强了时间观念，学习成绩也上来了。

在日常生活中，妈妈要有意识地培养男孩的时间观念，让他清楚什么时间应该做什么事，不应该做什么事，让他养成按照计划做事的好习惯。

方法二：告诉男孩做事前必须做计划

一个妈妈这样谈到自己的教子经验：

我的儿子从上幼儿园开始就是一个做事毛躁、丢三落四的孩子。一次，我偶然在网络上看到一则德国妈妈教育孩子的故事，深受启发。故事内容大概是这样的：一个小男孩问他的妈妈："我周末想去游乐园，可以吗？" 妈妈没有表示赞同也没有拒绝，而是问男孩："那你计划好了吗？你打算和谁一起去？去哪些地方？又怎样去？"如果男孩说："妈妈，我还没计划好。" 妈妈就会说："没有计划好的事情就不要说，等你有了计划，你才能行动。"

之后，我开始注重培养儿子做事制订计划和执行计划的能力。例如，我答应他周末去动物园，那么他一定要做好计划——什么时间出发、怎么去、需要带什么东西、什么时间回来……经过我一段时间的训练，儿子做起事来越来越有计划性了。

对待那些马虎、粗心、健忘的男孩，最有效的教育方法就是让他们学会做事前必须做好计划。对于那些不屑做计划或是有抵触心理的男孩，妈妈一定要坚持自己的意见或者适当让他吃点儿苦头。只有当男孩亲自体验到自己的任性带来的后果时，他才能真正体会到做事有计划的重要性。

2. 目标决定方向，有规划的人生才精彩

一个16岁的男孩说过这样一段话：

以前，我最大的梦想就是成为像鲁迅先生那样的作家。为了实现这个梦想，我一直不断地努力，每天都利用课余时间看大量的书籍，以便让自己的视野变得更宽广。但现实是残酷的，我的写作能力却一直没有提高。渐渐地，我感到了失望、无助，觉得自己这么努力却没有一点儿回报，整个人就像泄了气的皮球，怎么也提不起继续努力的精神了。特别是每当我看到身边的同学玩儿得那么开心、愉快，一点儿也没有为理想而烦恼时。我就禁不住想：大家都是同龄人，我为什么要活得这么累、这么苦呢？

后来，我开始变得放纵，最后梦想也离我越来越远。

人一定要有梦想，因为有梦想才有努力的方向，才会充满热情地积极进取。但如果梦想定得太高，而且又容易被挫折击倒，那么就会像上面这个男孩一样，感觉梦想拖累了自己，最后选择了放弃。关于理想这个话题，有人对一所中学做过抽样调查，在随机抽取的400名学生问卷中，能够清楚、明确地回答出自己以后想做什么，并且对未来有清楚规划的孩子不超过40 人。

目标，就是方向。有了目标，也就有了努力的方向。很多伟人和成功人士，就是因为很早时就有了自己的人生目标，并终其一生为之而奋斗，最终取得成功。如巴菲特，因为小时家里生活并不富裕，他就发誓一定要成为有钱人，而他一生也为这个目标在努力，最终他让世人见证了这一精彩过程。

方法一：男孩需要短期目标的引导

美国的心理专家做过一个实验。他们把四年级一个班的学生分为三个编队，让三位老师分别带队到另一个地方进行体育训练。第一编队的学生被要求跟着老师走就可以了。第二编队的学生得到的信息是走10公里才可以到达。而第三编队的学生知道要走10公里，而且知道每到1公里时都有一个标示牌，大家可以知道自己走了多远。

到最后，到达目的地的情况是这样的：第一编队的学生越走越累，越累越丧气，最后一个到达的也没有。第二编队的学生虽然知道要走的距离，但中间走到哪儿，走了多少距离也不知道，有一半人也放弃继续行走。第三编队的学生全部到达终点。

由此可见，太高的目标，实现的难度足以把人吓倒。所以，男孩的目标应该切实可行，不能制订过高的目标，短期目标往往更能促进他进步。

方法二：有压力，目标更容易实现

动物学家对非洲大草原奥兰治河两岸的羚羊群进行过跟踪研究，他们发现一种奇怪的现象，东岸羚羊群比西岸的繁殖能力强，而且奔跑速度也比西岸的羚羊每分钟快13米。为什么会出现这种现象呢？动物学家对这个问题充满兴趣，同样的生存环境，同样的饲料来源——莺萝的牧草，为什么生存状态差异这么大呢？

于是，他们做了一个试验：从两岸各捉10只送往对岸。过了一年，被送到西岸的10只羚羊后来繁殖到14只，被送到东岸的10只却只剩下了3只，另外的7只都被狼吃了。

动物学家这才恍然大悟，原来东岸的羚羊强健、繁殖力强，是因为在它们的附近有一支狼群在活动，所以它们每个时刻都是生活在警觉和危机中，自然奔跑速度就快，体质强健，繁衍能力也强。

而西岸的羊群没有生存压力，身体懒散，体质慢慢变弱，因此，一旦遭受威胁，生命便不堪一击。

这个故事给我们的启迪是很深刻的。生命的存在需要稳定的环境，一旦没有了危机感，灭绝在未来就有可能出现。压力和动力是并存的，压力常常可以转化成动力。有了压力，目标才更容易实现。在学习中也是一样，如果孩子没有压力，他也就没有竞争和追赶的动力，那么实现自己的目标也就无从谈起。在人的一生中，大多数的时间都是在学习、工作中度过的。因为学习是持续一辈子的事，所以不是凭兴趣就能完成的。男孩从小就应该适应有竞争和有压力的环境，这样目标才会更容易实现。

方法三：让男孩学着设计自己的未来

有一个成年男性曾自豪地对友人说："我这些年来最大的收获就是我在10年前给自己规划的蓝图实现了——当上了大学老师，找到了一个温柔的妻子，在市中心买了一套房子……"

可见，一个人尽早为自己设计未来，并且按部就班地努力去实现，那么总有一天会获得成功。

所以，妈妈不妨引导男孩学会勾画一下自己的未来，例如，你可以这样问儿子：

5 年后，你会是什么样子？

10 年后，你会成为一个什么样的人？

15 年后，你会取得什么样的成就？

如果你学会引导男孩去构想这些发展目标，那么他很可能用这些问题来鞭策自己，然后朝着既定的目标努力，更会在奋斗的过程中充满激情和动力。

3. 让男孩有主见，不做人云亦云的“复读机”

生活中，很多妈妈常把这样的话挂在嘴边，像“ 你只管好好读书，其他都别管”“我们做的一切都是为你好”“这件事情我替你做决定就行了”“你什么都不懂，别跟着掺和”……教育专家指出，这些话都隐含着一个信息：孩子应该听从家长的意见。

但事实上，妈妈虽然给予了男孩生命，但男孩有主宰自己命运的权利，有发表自己意见的机会。

所以，妈妈应该信任和尊重儿子的决定、意见或想法。下面这个妈妈就做得非常好：

最近，12岁的儿子上学总迟到，班主任为此找我谈话。我知道后，并没有打骂儿子。而是在一天临睡前，问儿子：“告诉妈妈，为什么你那么早出去，上学却总迟到呢？”儿子先是愣了愣，见我没有责怪他的意思，就说：“我在河边看日出，太美了！看着看着，就忘了时间。”我听后笑了。第二天一早，我跟儿子一起去河边看日出。面对眼前的景色，我也忍不住感慨万分：“真是太美了，儿子，你真棒！”这一天，儿子没有迟到。放学回家，儿子发现书桌上放着一块精致的手表，下面压着一张我写给他的纸条：“因为日出太美了，所以我们更要珍惜时间和学习的机会，你说是吗？”从此，儿子再也没有迟到过。

这个妈妈对儿子的爱令人动容。她没有粗暴地责问和无情地惩罚儿子，而是给了儿子一个申辩的机会，将宽容、耐心和激励传达给儿子，给他创造了幸福、温暖的成长环境。

妈妈要把儿子当成一个独立的、有感情和自尊心的个体，而且要给他发表自己意见、表达自己想法的机会，这样也有助于培养男孩独立自主的能力。

那么，妈妈具体应该怎么做呢？下面这些方法或许会给妈妈一些启示。

方法一：尊重儿子的想法，给他表达的机会

王晓德上小学三年级，妈妈在放假前为他报了个英语培训班。但妈妈事先并没有和爸爸商量，以致两人因此发生争吵。妈妈认为，儿子应该多花点儿时间在英语学习上，而爸爸认为假期儿子就应该休息，什么培训班都不要上。看着争吵的爸爸妈妈，王晓德将自己的真实想法藏在心里，直到在和老师交谈时才透露，他其实想学跆拳道，但在家人面前不敢讲出来。

生活中像王晓德这样的男孩很多，他们大多把自己真实的想法藏在心里，不敢对大人表达。为什么男孩有想法不敢说呢？专家认为，造成孩子不敢表达自己想法的原因在于家长，因为很多家长习惯把自己的主观意愿强加给孩子。未来是需要男孩自己去创造的，而未来的路也是需要他自己去走的，所以，家长首先要尊重儿子的想法，然后给他表达自己想法的机会。只有这样，男孩才能按照自己的想法去成长和发展。

方法二：信任儿子的选择，平等地听取他的意见

有个妈妈的教育经验是这样的：

这天吃完晚饭，看了一会儿电视之后，我习惯性地对儿子说：“宝贝，现在上床睡觉吗？”儿子说：“不要。”开始我觉得十分恼火，但是，转念一想：既然是自己在征求儿子的意见，为什么在儿子表达自己意见的时候要生气呢？于是，我问他：“为什么不想睡觉呢？”儿子说：“妈妈，我还不困，我看会儿故事书再睡。”

原来儿子不睡觉是有原因的，所以我说："那好吧，等到你困的时候就睡觉，知道吗？""嗯，我知道了！"

由此可见，当妈妈信任儿子的选择，并且平等地听取儿子的意见后，就会发现孩子变得懂事、温顺很多。相反，如果妈妈强硬地让儿子按照自己的意愿来做事，那么男孩就会产生抵触情绪，甚至会故意和妈妈对着干。

一个男孩如果能做出自己的选择，敢于表达自己的想法，说明他愿意和妈妈沟通，并且认识到了自己的需要，可以勇敢地表达自己了，这不正是妈妈所期望的吗？所以，妈妈要信任、尊重儿子，让他勇于发表自己的意见。

4. 培养决断力，让男孩不再犹豫不决错失良机

有这样一个故事：

有一个少年帮着妈妈去定做新鞋，当时鞋子的样式有两种：一种是圆头的，另一种是方头的。少年一时间没了主意，一会儿说做圆头的，一会儿又说要做方头的。在少年犹豫不定时，鞋匠已经把鞋子做好了——一只做成了方头，一只做成了圆头，根本没法穿……

这个故事告诉我们，优柔寡断的人往往会错失很多机会，很可能一生碌碌无为。因此，妈妈应从小培养男孩的决断能力，为男孩把握人生机遇打下坚实的基础。

什么是决断呢？就是指在面对事情的时候要当机立断，不思前想后，不前怕狼后怕虎。果断的性格是一个人具有出众自我决断能

力的体现。我们都知道，现代社会是一个高速发展的社会，要想在这个社会中取得成功，必须具备这种遇事果断的能力。对于男孩来说，做事果断实际上是一种智慧和才能的体现，也是男孩未来能否取得成功的关键。

决断能力的培养并不是靠说教来完成的，需要妈妈在实践中通过事例对男孩进行引导，提高男孩的知识储备和生活认知，为他良好的决断能力打好基础。

那么，如何培养一个爽快利落、做事雷厉风行的男孩呢？可以参考以下两个方法。

方法一：妈妈要为男孩树立做事果断的榜样

有一个妈妈的教育经验是这样的：

李女士的儿子李枫是一个性格非常爽快的孩子，不管是在家里还是在学校，做事从不拖拖拉拉，一贯都是雷厉风行，非常受欢迎。这主要得益于李女士的教育。

从李枫很小的时候起，李女士就注意培养他果断的性格。日常生活中，李女士会刻意让李枫自己去决定许多事情，比如电视看哪个频道、出门穿什么衣服、晚上吃什么饭、压岁钱怎么分配等。

即使遇到什么难事了，李女士也尽量让李枫自己做主。李枫上二年级的时候，有一次李女士开车送他上学迟到了，李枫怕挨老师批评，就坐在车里哭，一定要妈妈陪着才肯进教室，否则就不下车。但是，李女士并没有因为孩子的哭闹而心软，而是果断地拒绝了李枫的请求，同时给了李枫两个选择：一个是自己进教室，另一个是立刻回家。结果，李枫不得不自己走进了教室。

那天回到家以后，李女士明确地告诉李枫："许多问题是你自己必须解决的，不能依靠别人的帮助。要知道，很多问题你今天不想面对，明天还是一样需要你去面对的。"

就是在这样的教育下，李枫才拥有了良好的决断力。

妈妈在男孩面前必须态度明确、行为果断，以此来潜移默化地影响男孩。如果男孩有了优柔寡断的倾向或习惯，就要帮他立刻改正，否则可能会影响男孩将来的发展。

方法二：帮男孩摆脱依赖心理，让男孩自己决定

遇事能够借鉴他人意见，借助他人智慧做出正确决策，无疑是值得提倡的方法。但是缺乏主见的男孩不是这样，他们遇事总是去问别人该怎么办，完全等着别人拿主意，这是男孩的依赖心理在作怪。

杨宇是一个非常没有主见的男孩，做什么事情都优柔寡断。有时做一个决定，他要征求很多人的意见。即使这样，他也可能决定不了。

有一次，妈妈让杨宇报一个特长班，让他在钢琴班和书画班中任选一个。杨宇犹豫了好久，也不知道选哪一个好，他觉得两个都挺好的，但是又没有特别多的空闲时间，只能报一个。于是，他问妈妈："您觉得我该选择哪一个呢？"妈妈说："你自己决定吧！"但是杨宇犹豫了好久，还是没有做出选择。

一直到两个特长班都开课一周了，杨宇还在犹豫呢！杨宇的妈妈气得直摇头："我的儿子做事这么犹豫不决，将来怎么能适应社会呢？"

依赖性强的人往往会错失良机。妈妈一定要想办法帮助男孩拿掉这根心理上的"拐杖"，男孩的自主意识才能发展起来。当男孩遇事犹豫不决，向妈妈征求意见时，妈妈不要马上给出答案，而是要引导和鼓励他提出自己的意见。哪怕男孩说出的意见没有多少价值，也要先予以鼓励，然后再帮其完善。这样一来，男孩果断的性格才会逐渐形成。

5. 做事要持之以恒，培养男孩做事有始有终

美国著名心理学家威廉·詹姆斯有这样一句经典名言：“播下一个行动，收获一种习惯；播下一种习惯，收获一种性格；播下一种性格，收获一种命运。”可见，如果一个男孩在小时候就形成良好的学习和生活习惯，那么他就具有了一生的财富。

坚持不懈是对男孩人生产生重大意义的一个关键品质，无论他要养成哪种习惯，坚持哪种行为，都要有一种坚持不懈的精神，最后才能取得显著效果。因此，妈妈要教会男孩做事有始有终，让他凡事多坚持一下。培养孩子坚持不懈的习惯有以下一些方法。

方法一：引导男孩做事要坚持与认真

杜铭要搬新家了，他存了一大罐子的硬币，爸爸妈妈和他商量，让他将这些硬币拿到银行兑换成纸币。杜铭想到能换成面额较大的钞票，就欣然答应了。

不过，摆在他面前的有这样一个问题——要将硬币数出来。可是这么多的硬币一个人数实在是太难了，而且肯定要花费很多时间。于是爸爸妈妈建议将硬币分成三份，爸爸妈妈和杜铭每人各负责数一份。杜铭负责的那堆最小，但十几分钟后他还是数累了。这不，他开始东张西望，竟然把刚刚数了多少给忘了。结果，他不得不重新数。杜铭偷偷地看看爸爸妈妈，发现他们干得可认真了，一枚硬币、一枚硬币地数，一边还在纸上记着数字。杜铭不想记，他嫌这样太麻烦。

半小时后，当爸爸妈妈都数完时，杜铭才数了一点点。此时，爸爸妈妈指出杜铭慢的原因：“儿子，你干活儿时总是开小差，不

认真。”杜铭认识到了自己的问题，最后，他终于将他的那一堆硬币数出来了，三个人的硬币加在一起，总共是225元8角。通过这件事情，爸爸妈妈是想让杜铭明白这样一个道理：做事要坚持与认真，两者缺一不可。

很多时候当男孩独自面对难题时，他总想去求助于别人，或者表现出精力不集中、拖延、消极等待的态度。一旦男孩出现这种情况，妈妈就要让他明白这样一个道理：认真，也就意味着节省更多的时间和劳动。让他学会对自己的事情负责，不要拖延，甚至可以采取一些适当的惩罚措施，鞭策着孩子坚持去完成某件事情。

方法二：让男孩明确努力的目标，做到善始善终

妈妈在教育男孩的问题上，一定要让他明确自己努力的目标，然后从小处着手，本着对每一件小事认真、负责的态度，坚持完成他的目标，唯有这样才能有取胜的机会。

著名画家朱军山先生从小深受母亲的影响，对艺术抱有浓厚的兴趣，而且做任何事都会努力、坚持。当时，朱军山的母亲经常在家中刺绣，他就在一旁饶有兴致地观看，渐渐地对图案、绘画萌发了兴趣。

虽然朱军山对画画产生了浓厚的兴趣，但是当时家里的经济条件负担不起他的学费，于是他想了一个绝妙的主意，用树枝做笔，用大地做纸，再把眼前的风光当临摹的风景。画画的时候他精力非常集中，而且极其认真。地上的画也许和纸上的画差异很大，但他认为只有先在地上练好，以后学别的画才会容易些。就这样，他每天在大自然中上他的“画画课”，认真地画好每一幅“画”。他坚信，只要自己认真画，总有练好的那一天。最终，坚持不懈的朱军山成了享誉海内外的著名画家。

6.培养男孩的超强自控力

男孩要想成功的最大障碍通常不是来自外界，而是来自他的内心。所以，妈妈要想儿子真正获得成功，就必须培养男孩超强的自控力。

美国斯坦福大学做过这样一项实验：

研究人员随意找来一些孩子，然后给每个孩子一个棉花糖，并对他们说，只要他们能够坚持15分钟不吃，就会再得到一个棉花糖。面对香甜棉花糖的诱惑，有些孩子没有忍耐住，15分钟没到就把棉花糖吃掉了，而那些抵制住棉花糖诱惑的孩子，自然又得到了一个棉花糖。

大约10年之后，专家又对当年那些参与实验的孩子做了跟踪调查，结果显示，当年能够忍耐15分钟的孩子要比提前吃掉棉花糖的孩子学习成绩更优秀，人际关系也更好，而且能够有效地缓解压力。

由此可见，如果男孩自控力够强，便可以抵御外界的各种诱惑，更有利于他的健康发展。因此，妈妈一定要培养男孩的自控力。

方法一：与儿子订立双方共同遵守的亲子协议，相互约束

志新是一个自控力很差的男孩，一放学回到家就去看电视，而且直到晚上9点还守在电视机跟前，作业时常忘记做。周末的时候，志新和妈妈一起出去逛街，看见什么就要什么，明明家里已经有很多零食和玩具，他还吵闹着要妈妈买。无奈之下，为了提高儿子的自控力，妈妈尝试着和他签订了一份双方必须共同遵守的亲子协议，比如晚上必须几点关电视、作业要什么时候完成、家务劳动如何合理分配、外出购物的限定等。一段时间后，妈妈发现儿子的自控能力强了

很多，看一小时的电视后就去写作业，零食也吃得少了。

由此可见，妈妈和儿子订立了双方共同遵守的亲子协议，在妈妈与儿子相互监督、相互约束的过程中，男孩就会慢慢形成一种自我管理能力，同时增强抵制诱惑的能力。

妈妈在订立协议时，要本着循序渐进的原则，目标由小到大，实现起来要由易到难，根据实际情况进行，而且双方承诺的条件要具有可操作性。

这种双方订立的亲子协议，不但体现了妈妈对儿子的尊重、理解、信任，而且容易激发男孩的内在要求和自觉行动，帮助他提高自我约束意识、自我管理能力，使男孩更好地适应竞争日益激烈的社会。

方法二：妈妈要学会自我反思，多和儿子沟通交流

有一个妈妈在某网络论坛上发了这样一个帖子：

我和老公的工作一直很忙，根本没有时间照顾儿子，所以就把儿子寄养在他爷爷奶奶家。为了弥补对儿子情感上的歉疚，我们尽力在物质上满足他。可是没想到养成了儿子花钱大手大脚的毛病，而且他变得脾气暴躁，经常流连于网吧，甚至小小年纪就和几个社会青年混在一起。我知道儿子现在变成这样都是我们的错，可是现在后悔还有用吗？我该怎么办呢？

上述事例中的男孩出现的问题，除去一些社会因素和个人因素外，最重要的就是家庭因素。这个男孩的父母只是用物质补偿他的情感缺失，没有和他沟通交流，因此，男孩很难具备自控力。

所以，当妈妈发现儿子自控力差时，首先就要从自身找原因，看自己是不是忽视了儿子的情感需求，或者太过溺爱和娇惯孩子；其次，妈妈一定要和儿子多沟通，学会做儿子的朋友，并且多理解

和鼓励儿子；最后，妈妈还要学会转移儿子的需求点，引导他逐渐养成良好的生活、学习习惯。

7．懒散让男孩与成功失之交臂

懒散是男孩成长中的障碍，更是一种坏习惯，它会让男孩浪费时间与生命，遇事也总是犹豫拖延，甚至千方百计地回避自己要做的事情，不停地为自己找借口。懒散会让男孩一事无成，错失成功的机遇，所以，妈妈必须帮助男孩彻底改正懒散的习惯。

妈妈要特别注意自己的榜样作用。衣服随便乱丢、家里卫生状况一团糟也懒得打扫的妈妈是教育不出勤快的儿子的。

懒惰是成功的绊脚石，懒惰的男孩习惯等、靠、要，从来不会想要主动争取，最终也只能是一事无成。男孩只有勤奋、刻苦、上进，才会达到梦想的目标。因此，妈妈应积极帮男孩克服懒惰的坏习惯，同时为孩子树立勤劳的好榜样。

妈妈可以利用以下几种方法培养男孩勤劳的品质：

方法一：少些唠叨，多些表扬

有一个妈妈的教育经验是这样的：

刚上小学的儿子开始变得有些懒散，主要是因为他大部分时间不是在学校就是在奶奶家，而奶奶经常什么事情都不让儿子做。为了培养儿子良好的生活习惯，我开始花费更多的时间和他在一起，对于儿子在家的懒散行为，我没有唠叨，而是多给他表扬和肯定。比如吃饭时他帮忙摆碗筷，我就会说：“儿子真是长大了，都知道帮妈妈干活儿了！”每次，儿子听到我的表扬，总是显得很高兴，而且他还会继续做类似的事情。慢慢地，我发现儿子变得越来越勤快了，自己的脏袜子、脏衣服也知道动手洗了，很多事情也主动帮我去做了。

这真是一个智慧的妈妈，在她意识到儿子的懒散行为时，没有批评或者唠叨着让他改正不好的习惯，而是在生活中仔细观察他的行为，然后进行鼓励和引导，形成良性循环。

所以，当妈妈意识到儿子懒时，应该少些唠叨，多些鼓励和表扬，哪怕儿子做的事情并不令你满意，你也要适当地鼓励他，这样会大大提高他做事的积极性，让他变得勤快起来。

方法二：让儿子多多体会劳动的乐趣

为了帮助男孩改掉懒散的坏习惯，妈妈一定要多给男孩提供一些机会，让他体会到劳动的乐趣。下面两点妈妈不妨借鉴一下。

第一，“推进”。妈妈可以根据男孩的特长为他提供一些劳动的机会。比如男孩喜欢看妈妈烧菜，妈妈就可以鼓励他也动手试一试等。

第二，“弥补”。妈妈应了解男孩有哪些不足，然后针对他的不足为他选择一些可以弥补不足的劳动。比如男孩性格内向，妈妈可以安排他去市场买菜、去商店买东西等。这样既锻炼了男孩的勇气，又培养了他的劳动能力。

妈妈不要以为整天让儿子坐在书桌前就能把学习搞好。相反，在劳动中，男孩会变得心灵手巧，富有创造性，同时，还能促进其学习能力的发展。另外，“小懒虫”不是一天两天形成的，所以改变男孩不是一朝一夕就能完成的。对待这个问题，妈妈一定要有足够的耐心，持之以恒，最终让男孩改掉懒散的坏习惯。

第七章

提高情商，是男孩的终身必修课

1. 掌控情绪，才能掌控人生

人都说“冲动是魔鬼”，这句话的确是至理名言。生活中有很多事情都是因为一时冲动而铸成了大错。冲动是一种极具破坏性的负面情绪，它给人带来的负面影响很大。一个无论多么优秀的人，在冲动的时候，都难以做出正确的抉择。

管理好自己的情绪是男孩高情商的重要表现，其前提是必须约束好自己的行为。然而在现实生活中，很多男孩是冲动的、暴躁的，对他的生活和学习造成了不利影响。

当然，教男孩约束自己的行为并不是要他压抑自己的情绪，而是要学会正确转移负面情绪，让自己保持一种健康、正常的状态，不至于让负面情绪影响正常的学习和生活。

身为男孩的妈妈，应该理解他的行为倾向，教他用正确、健康的方式发泄情绪，克制冲动，做一个理性的人。

方法一：教男孩觉察自己的情绪

喜怒哀乐，人之常情，过度压抑自己的情绪，反而不利于身心健康。妈妈要教男孩学会觉察自己的情绪，让他时刻提醒自己：我现在的情绪是什么？我为什么要这么做？我这样做好吗？只有这样，男孩才能及时觉察他的不良情绪。

小伟和小军约好周日上午8点钟一起去打球，可小军却迟到了，小伟为此心情很不好，并且开始嘀咕小军的不是。小伟这些表现正好被妈妈看在眼里，她和颜悦色地对小伟说：“孩子，你好好想想，你现在正在干什么？你这样做好吗？你不想和小伟做朋友了吗？如果下次是你迟到了呢？”听了妈妈的话，小伟马上发现自己情绪不对，及时调整情绪，和小军一起高高兴兴地玩球去了。

男孩有情绪是很正常的现象。妈妈一定要教男孩学会觉察自己的情绪，帮助男孩找到一些好的处理方法。

方法二：教男孩用适宜的方式缓解情绪

情绪虽然不能被压抑，但是却可以被转移。通常情况下，男孩比较喜欢用动作、肢体来表达自己的情绪，而不是用语言。生活中，当男孩遇到不如意、伤心、愤怒的事情时，妈妈不妨让他通过运动、做游戏来发泄他的情绪，这对男孩来说是一种更健康、更适宜的方式。

松松回到家后情绪很激动，他生气地对妈妈说："我和大龙比赛摘水果，他要赖皮，把果园里冯阿姨摘的也倒进了自己筐里。"妈妈笑着说："这是他不对，你想干什么啊？"松松狠狠地说："我想和他打一架。"妈妈赶紧说："你们不过是比比玩儿，别较真儿，下次超过他不就行了。"

妈妈见松松情绪依然很激动，就说："我正要浇花呢，现在累得腰酸背疼，你帮妈妈打水吧。"松松看到妈妈额头上的汗，懂事地点点头。松松帮妈妈提水，一会儿工夫，他的情绪就平复了。

生活中，当男孩情绪激动时，妈妈要及时教他通过运动、劳动、游戏等方式转移不良情绪。冲动其实并不可怕，男孩只要学会了转移情绪，就能有效地控制自己的冲动言行，约束好自己。

方法三：让男孩学会表达自己的情绪

男孩只有学会正确地表达自己的情绪，别人才能理解他的言行，让彼此的交往和相处更和谐、更融洽。为了达到这个目的，妈妈可以扩大男孩的阅读量，增加他表达情绪的词汇储备。平时，妈妈还应该鼓励男孩说出自己的心里话，慢慢学会表达情绪。一个善于表达自己情绪的男孩，更能有效地约束自己的冲动言行，获得他人的理解和友谊。

2. 自信是男孩成功的第一秘诀

自信是一种修养，也是一种能力，它能让一个人充满能量，去迎接任何挑战和困难。历史上那些有名的科学家、发明家、政治家、艺术家，每一个都充满自信。所以美国著名散文家、诗人爱默生说过：“自信是成功的第一秘诀。”

小泽征尔是日本著名的音乐指挥家。有一次，他参加了欧洲指挥大赛，并且闯进了决赛。在决赛时，他被安排在了最后。当轮到他表演时，评委交给了他一张乐谱，他马上就全神贯注地指挥起来。突然，他发现乐曲中出现了一点儿不和谐，在开始时，他以为是乐谱演奏错了，就停下来重新演奏。但他仍觉得不自然，并且感觉乐谱出现了问题。当他把自己的想法说出来时，在场的作曲家和评委都声称乐谱没有问题，是他的感觉出了问题。面对数百名国际音乐界权威，小泽征尔也对自己的判断产生了动摇，但是他考虑再三，还是坚持了自己的判断：“不，一定是乐谱错了。”他的话音刚落，评委席上的评委们都对他报以热烈的掌声，并且祝贺他夺得了冠军。

原来，这是评委们故意设计的一个“圈套”，以试探指挥家能否坚信自己的判断力。他们认为，只有具备自信心的人，才能成为一流的指挥家。

这是一个真实的故事，故事中的小泽征尔用自己的自信征服了各个评委，赢得了这场比赛的冠军。可以说，如果没有超强的自信心，他就不会赢得这场比赛，甚至很难成为世界一流的指挥家。

但是在现实生活中，很多男孩自信心不足，有些甚至还非常自卑。一个缺乏自信的人，无论是在事业方面还是在其他方面，都会遇到很大的阻力，很难取得巨大的成功。所以，我们从小就要培养孩子的自信心，让他信心满满地去面对人生的机遇和挑战。

培养男孩的自信心是一个长期的过程，妈妈应该注重细节，从小事着手，让孩子逐渐建立起自信心。

方法一：多肯定儿子，不要经常否定和指责他

孩子的年龄小，他对自己的评价往往来源于周围的人对他的评价。如果周围的人给他的评价是肯定的，他就感觉自己能行，并且在生活中逐渐地建立起自信心；如果周围的人给他的评价是否定的，他就会感觉自己一无是处，甚至产生自暴自弃的想法。所以，我们在生活中要多肯定和鼓励孩子，让他对自己充满信心。

方法二：有意识地让儿子承担一些责任

孩子的年龄虽小，但也有一颗上进的心，愿意承担一些责任。

所以，妈妈在平时要有意识地让儿子承担一些责任，比如打扫房间、整理自己的床铺、制订节假日的活动计划等，这样会让孩子产生一种成就感，从而培养起他的自信心。

方法三：发现儿子的专长或者特别之处

肖恒是一个很缺乏自信的男孩。他在班里成绩平平，其他方面也比不过别人，所以他常常感到自卑，认为自己不如别人。妈妈发现这一点后，就注重儿子特长的培养，给他报了一个篮球班。因为肖恒身体素质不错，又肯下苦功夫，所以取得了很大的进步，很快就成了校篮球队的主要成员。每次比赛的时候，都有不少学生为他呐喊助威。这让肖恒体验到了一种成就感，逐渐变得自信起来。

妈妈，你听我敲出的声音多像小鸟的叫声。
我怎么听不出来，你又不是音乐家，怎么可能敲出鸟叫声！
妈妈，你听我敲出的声音多像小鸟的叫声。
嗯，真的很像小鸟的叫声。你敲得很有节奏感，妈妈都听入迷了。

心理学家研究发现，那些有特长的孩子因为常常受到别人的夸奖，更容易建立起自信心。所以，我们应该善于发现孩子的特别之处，并且加以指导和培养，让它们成为孩子的特长。但是现实生活中，很多妈妈都以分数论成败，如果孩子的学习成绩不好，其他方面的特长就统统都否定掉。这种做法是非常不对的，不仅没有全面、客观地看待孩子，还容易让他产生自卑心理。所以，我们应该发现并培养孩子的专长，多给他积极、肯定的评价，从而让孩子在生活中逐渐建立起自信心。

3. 培养幽默感，让男孩更阳光

幽默感是情商的重要组成部分之一。具有幽默感的男孩大多开朗活泼，因而往往更讨人喜欢，人际关系也更好一些。

幽默感在社交中起着举足轻重的作用：人们讨厌冷漠、讨厌忧伤，但绝不会讨厌一个人所带来的欢笑。而具有幽默感的孩子通常很乐观，在生活中不断地制造欢笑，让周围的人感到轻松愉快，自己也会富有成就感和自信。因此具有幽默感的孩子，也较容易获得友谊，孩子的身心也随之得到更和谐的发展。

有位专家说："幽默感 30% 来自天生的性格，更多的则是后天培养出来的。我觉得，家长在生活中要帮助孩子发现幽默，创造幽默，利用幽默。"可见，幽默感是需要培养的。

在现实生活中，幽默可以淡化人的消极情绪，消除沮丧与痛苦，舒缓紧张气氛，更能带给自己和别人喜悦和希望。

那么，妈妈如何培养男孩的幽默感呢？

方法一：妈妈要为儿子树立幽默、乐观的好榜样

幽默感虽有先天的成分，但后天的培养更加重要。孩子是妈妈生命的延续，是妈妈最真实的镜子，在潜移默化中，妈妈的许多特点在儿子身上都得到再现。所以，要培养男孩的幽默感，妈妈首先要能真正欣赏幽默。

张梅学生时代遇到过一位很幽默的老师，那位老师经常妙语连珠，就算批评人，也是意味深长，令人难忘。所以，张梅在教育儿子时，不自觉地也采取了幽默的方法，她感觉效果还不错。比如，儿子生气了，张梅会说是“晴转多云”。儿子伤心流泪了，张梅就劝儿子“轻伤不下火线”。餐桌上，张梅还经常来几个即兴小幽默，让一家人开心一下。张梅的这种做法，不但活跃了家庭气氛，还拉近了和儿子的心理距离。张梅后来对朋友说：“培养儿子的幽默感不容易，它不是一蹴而就的，需要循序渐进。但我相信，儿子在我的影响下，会变得宽容、睿智，充满幽默感的。”

可见，在生活中营造轻松的气氛能够培养男孩的幽默感。另外，当男孩哭闹时，妈妈除了常用的一些安慰手段外，也可以安抚他：“宝贝，瞧你哭得像小花猫，鼻涕流得像瀑布，多难看啊！”这种诙谐的语言，比起单调的哄逗，不仅可以很快转移男孩的注意力，使他破涕为笑，而且可以使他学会幽默的语言技巧，培养良好的心态。当孩子尝试着说出一些有趣的笑话或表演一些滑稽的动作时，妈妈要给予鼓励，这样将使男孩的幽默感不断得到强化。

方法二：妈妈可尽力为儿子创造幽默环境

洪磊的妈妈认为一些幽默的作品对孩子性格的影响非常大，特别是在孩子还小的时候。她认为自身的幽默细胞并不多，但她读过很多幽默的书籍。这天早晨，妈妈和洪磊坐在餐桌前吃饭，说起

洪磊因长时间在电脑前玩游戏，视力一度下降。所以，妈妈用“愤怒”的口气说：“其实，那时候真该把电脑给砸了！”洪磊饶有兴趣地问：“你用什么砸啊？”妈妈说：“用‘哈哈可乐派’（某电台的一档讲笑话栏目)砸！”洪磊一听，结果把刚吃进去的饭全喷到餐桌上了！

所以，妈妈平时和儿子相处时，应该尽量给他创造一个幽默的环境，久而久之，男孩自然也会变得幽默起来。

4. 别让负面情绪困扰男孩

美国心理学博士丹尼尔·戈尔曼曾明确说出：“真正决定一个人成功与否的关键是情商而非智商。”而情商主要是指人在情绪、情感、意志、耐受挫折等方面的品质，其中情绪管理是重中之重。心理学家认为，像乐观、自信、平和、开心等正面情绪会不断提高男孩的情商，而像焦虑、紧张、愤怒、沮丧、悲伤、痛苦等负面情绪不但会降低男孩的情商，还会给男孩的身心带来伤害。

众所周知，适度的压力能够促使一个人努力奋进，但过大的压力，会导致一系列负面情绪的产生，影响男孩的身心健康。

因此，妈妈一定要积极引导男孩正确面对压力，正确宣泄负面情绪，只有这样才能让男孩更健康、更快乐地成长。那么，妈妈如何引导男孩宣泄负面情绪呢？下面这些方法妈妈不妨一试。

方法一：理解儿子的大喊大叫、发脾气

有一个妈妈是这样做的：

这个周末有一场重要的足球比赛，儿子非常兴奋，走路时都是跳着走，他想好好大战一场。可是，下楼梯时，他激动地一跃而下，结果不小心扭伤了脚。儿子的心情顿时降到冰点，他又气又恼，狠狠地用拳头砸墙。放学后，儿子很失落地回到家，妈妈看他脚扭伤了，赶紧问：“哎呀，你踢球不小心扭伤脚啦。”结果儿子听到“踢球”二字，大吼一声，冲进了屋子。妈妈吓了一跳，听到儿子在屋里大吼了几声。妈妈没有打扰他，知道他肯定遇到烦心事了，就决定让他好好宣泄一下。

现实生活中，很多男孩都喜欢用大喊大叫、发脾气的方式来宣泄情绪，就像事例中的男孩一样，这时他的妈妈是怎么做的呢？妈妈没有生气，也没有训斥、制止他，而是让他好好宣泄一下。不过，这个妈妈如果在儿子心情稍微平复后，再和儿子谈心，那么教育效果会更好。

方法二：妈妈要允许儿子哭泣

“男人哭吧哭吧哭吧不是罪，再强的人也有权利去疲惫。”这是一句歌词，但也道出了很多男人的心声：男人也有权利去哭泣，而哭泣并不是一种软弱的表现。不过，很多妈妈习惯给男孩灌输这样的观念：“你是男子汉大丈夫，不能哭！”这种观念并不正确，因为男孩也有情感脆弱需要安慰的时候，在他内心压抑，感觉沮丧、痛苦的时候，哭泣其实是一种非常好的情绪宣泄方式。

李路一进门就哭了，他对妈妈说：“我被狗咬了一口。”说完就呜呜地哭了起来。妈妈赶紧帮他消毒伤口，对他说：“你别紧张，妈妈来帮你。我们赶紧去打针。”在去医院的路上，李路的眼泪也没有停。到了医院，医生说：“没事，这是小问题，按时打针就没事了。” 李路听医生这么说，马上停止了哭泣，对医生说：“我会按时来打针的。我不会死吧？”医生笑了：“怎么会呢，你及时采取了措施，不会有事的。” 原来李路是怕自己会死才一直哭，听医生这么说，他又露出了笑脸。

可见，当男孩向人哭诉的时候，是希望获得对方的帮助，并急切地寻找解决问题的方法。这也说明，男孩的哭泣并不只是宣泄，有可能是一种求助的表达。

因此，妈妈要及时给予男孩帮助，除了给他心理上的一些安慰，也要帮助他找到解决问题的办法，这才是让男孩停止哭泣的有效方法。

5. 疏导心理压力，做情绪的主人

男孩在成长过程中常常要承受很多压力：男孩必须让自己看上去很勇敢、很坚强；因为天生的好奇心和易冲动，常常犯一些错误；因为争强好胜，他们常常会产生许多与人较量却又担忧结果的痛苦……大家都知道，适度的压力能够促使一个人努力奋进，但过大的压力则会影响人的心理健康。

不夸张地说，心理压力在男孩的成长过程中是无处不在的。妈妈一定要对此引起重视，积极地引导男孩正确面对压力，及时帮助男孩疏导心理压力，只有这样才能让男孩更健康、更快乐地成长。

那么，如何帮助男孩疏导心理压力呢？首先，妈妈必须了解男孩产生压力的原因是什么。这就要求妈妈经常与男孩沟通，耐心地倾听男孩的心声。

方法一：要懂得安抚孩子

当孩子受到委屈后，妈妈应首先安抚孩子的心，当孩子向你表达某种情绪的时候，你要与他共情。

一天，高阳放学回家，一直不高兴，妈妈就问他是不是发生了什么事情，高阳说："今天下午上英语课，和莉莉说话的人明明不是我，可老师却一口认定就是我，还让我站着听课，真气人！"这时，妈妈说："那真是很气人，明明不是你的错，可老师却偏偏误以为是你。"

高阳觉得妈妈和自己是站在一起的，不满的怨气也就慢慢消失了。这时，妈妈又说："为了不让老师再冤枉你，你一定要做得更好，对不对？"

高阳看着妈妈，点了点头，说："我一定要让老师知道，我是个好孩子，不是他想的那样。"

事例中的妈妈用恰到好处的方式安抚了儿子，并且引导他以后要做得更好。

方法二：不要给男孩太多的压力

萧飒是一个学习很好的男孩，中考的时候，他考了全校第二名。他本来想进市重点高中读书，但是他的妈妈却非要他去省重点高中读书。无奈之下，萧飒只好按照妈妈的意思去了省重点高中读书。但省重点高中的教育方式与萧飒之前所接受的教育方式完全不同，以至于萧飒第一学期的前三次考试都只排在中间。萧飒的妈妈知道后，便在电话中责骂萧飒不努力读书。在成绩与父母的双重压力下，入学不到一年的萧飒完全丧失了学习动力，甚至还把自己封闭了起来……

通过这个故事不难发现，心理压力对孩子的不良影响是很大的。人人都希望孩子能够出类拔萃，但却没想过那些寄托在孩子身上的厚望远远超出了他自身的承受范围。孩子在这些压力下很容易产生逆反心理，甚至出现厌学情绪等后果。因此，父母不要给孩子太大的压力，让他健康、快乐地成长。

第八章

良好“小”习惯，成就男孩“大”未来

1. 马虎大意要不得，严肃认真要养成

以下是一个男孩妈妈的网络日记：

我儿子挺聪明，可就是平时做事太马虎了。明明平时学习不错，可一到考试的时候就特别粗心，错了很多不该错的题。比如把“6”写成“0”。在平时，他也总是丢三落四的。不是上学时忘带书本，就是下课后忘记作业。唉，孩子这么小，总是马虎怎么行呢……

妈妈首先要找到男孩做事马虎的原因。一般来说，主要有以下几点：

第一，态度原因。很多男孩的马虎现象是由于其学习态度不端正造成的。这些男孩在做作业、答题时常常敷衍了事，马马虎虎凑合着做完就溜之大吉了。

第二，性格原因。如果男孩是急脾气，做任何事都心急火燎，就难免会出现错误。

第三，习惯原因。这类男孩从小就做事马虎，久而久之，马虎已成了他的习惯。

马虎不仅会影响男孩的学习成绩，而且有碍他发展成才。因此，我们必须帮助男孩改掉马虎的坏习惯，养成严肃认真的好习惯。

针对男孩马虎的不同情况，妈妈要分别采取不同措施。例如，对待学习态度不端正的男孩，应主要解决他的态度问题，使他认识到马虎的危害，从而端正自己的态度；对待个性急躁的男孩，则要通过训练改变其急躁的性格；对待习惯不好的男孩，应矫正其不良习惯，培养严肃认真的好习惯。

概括来说，约束男孩的马虎行为主要有以下三个方法。

方法一：告诉孩子马虎的危害

有些男孩认为马虎一点儿没关系，虽然考试答错了，可不代表我不会……妈妈要及时纠正他的这种观念，平时可以多给他讲一些与马虎相关的小故事，让男孩清楚地认识到马虎的危害。例如下面这个故事：

在宋朝，有一个画家总是马马虎虎。有一次，他准备画一只老虎，刚画完一个虎头时，就有人来找他作画，说："请给我画一匹马。"于是，画家就在虎头下画了一匹马的身子。那个人看了，问画家："您画的到底是马还是老虎啊？"这个画家说："管它呢，马马虎虎吧！"从此，"马虎"这个词就这么出现了。那个请他画马的人看到后，非常生气地走了。可画家却毫不在意，反而把这幅画挂在自己家的墙上。

他的大儿子看到了，问："您画的是什么？"画家回答说："老虎。"二儿子看到了，问："您画的是什么？"他却随口说："是马。"他的两个儿子没有见过真的老虎和马，于是都信以为真，并将画上的动物模样牢牢地记在了脑子里。

有一天，他的大儿子到城外打猎，遇见一匹好马，他却误以为是老虎，于是一箭就把马给射死了，画家只好给马的主人赔偿损失；他的二儿子在野外碰上了老虎，却以为是马，所以要上去骑它，结果被老虎活活咬死了。画家为此痛心极了，悔恨自己办事不认真、太马虎，便把那幅虎头马身子的画烧毁了。他还写了一首诗以作警示："马虎图，马虎图，似马又似虎。大儿仿图射死了马，二儿仿图喂了虎。草堂焚毁马虎图，奉劝诸君莫学吾。"

这个故事具有深刻的寓意。妈妈可以在茶余饭后，互相聊天时，不经意地把这个故事讲给男孩听，这比单纯地训斥男孩更有教育意义。关于马虎的故事有很多，妈妈还可以找一些类似的故事教育孩子。男孩都很喜欢听故事，形象、生动的故事可以使他在故事中不知不觉地受到教育。

方法二：教男孩编一本错题集，了解易出错的地方

男孩马虎，经常出错，如果他对错误不认真分析，则很难吸取教训。为了引起男孩对错题的重视，妈妈可以帮助他编一本错题集。

错题集的具体制作方法：让男孩把自己在作业、练习、考试中答错的题，都原封不动地抄在一个本子上；然后，让他认真地检查自己究竟错在了什么地方，是因为不会做，还是因为马虎；在错题下面标清原因；最后写出正确答案。

下面是一个妈妈的教子经验：

我的儿子是“粗心大王”，平时答题时常常审题错误、漏做题目……孩子的粗心让他的成绩大受影响，非常可惜。为了减少这方面的失误，我让儿子编了一本错题集，把自己答错的题目全抄到这个本子上，了解自己易出错的地方，及时总结并在今后加以注意。

现在，我的儿子已经很少再有马虎的情况发生了。用他的话来说，就是：“每当我在答题前，脑中总会晃过错题集里我常出现的毛病，它们基本上都是由于我马虎造成的，错得很可惜。所以，我不能再因为马虎而丢分了。”

妈妈每隔一个阶段，就可以让男孩做个统计，统计因马虎而错的题占所有错题的比例是多少。接着，再加以说服和诱导，可以使男孩充分认识到马虎的危害。

错题集不仅是杜绝马虎的提醒，还是一本很好的复习材料，让男孩在考试前翻一下，可以弥补他学习上的薄弱环节。

方法三：让男孩先玩儿再做作业，纠正作业粗心问题

美国有一种“好好玩耍，好好读书”的教育模式，即让孩子自

主拟订游戏与读书的计划。据说，美国孩子拟订的计划几乎都是先玩儿再做作业，结果孩子做作业时的粗心现象大有改观。以下是一个妈妈的讲述：

我发现，儿子的粗心问题总是发生在我强迫他做作业时，那个时段电视里正在播放动画片，他很不情愿地去做作业，最终错误百出。

于是，我和儿子达成了一个协议：我允许他看喜欢的动画片，但他在学习时一定要保证质量。结果，我发现，当天儿子的作业一个错误都没有。

后来，我允许儿子采用先玩儿再学习的模式，效果很好，他的马虎现象几乎没有了。

妈妈不妨借用这种先乐后苦的方法，让男孩先看完动画片、打完球……再复习功课。那时，他心定了，学习质量也有保证了。最重要的是，男孩会养成规律的生活习惯，改掉马虎的毛病。

2. 让勤俭的意识在男孩心中扎根

场景一：

李丁已经11岁了，但是在家里不干任何家务，就连他的屋子也都是由妈妈来帮他打扫。每到周末，他都把四五件脏衣服堆到妈妈面前："妈妈，帮我把衣服洗一下。"然后，他就去找同学玩儿了。前些天，家里要来客人，妈妈一个人忙不过来，让李丁帮忙摆桌子、刷碗、择菜。李丁干了5分钟就抱怨说："妈妈，太累了，我要去写作业了，要不然就写不完了。"其实，他是偷偷去玩儿了。

场景二：

张锐是个特爱臭美的小男孩，每次看到漂亮衣服都吵着闹着让妈妈买给自己。有一次，他看中了一件蓝色上衣。但是妈妈对他说："你身上的新运动衣才穿了没几天，怎么又要买新的啊？"他有些不屑地说："现在什么年代了，谁还把衣服穿烂了再买新的！"

上面这两个事例，都是在生活中经常发生的。现在的孩子生活在富足的年代，没有经历过苦日子，不知道勤俭节约的重要性。而一些妈妈对男孩也是十分娇惯，既不让他干任何家务，儿子要买什么东西，也是千方百计地去满足。在这些妈妈的心目中，这样做是在爱孩子，殊不知，这不是爱而是害。

古人说过："勤能补拙，省能补贫。""俭，德之共也；侈，恶之大也。"……勤俭节约是中华民族的传统美德，它不仅关系到一个人的家庭幸福，还关系到一个人的品德修养。一个勤俭的人，可以通过自己的勤奋节俭克己持家，逐渐走向小康生活；而一个懒惰、奢侈的人，不仅不能过上幸福的生活，甚至还会品德败坏。所以，妈妈有必要让男孩认识到勤俭节约的重要性。

方法一：别让男孩形成虚荣、奢侈的坏毛病

妈妈是孩子学习的榜样。懒散成性的妈妈，要培养出一个勤俭朴实的孩子，那几乎是不可能的。值得我们注意的是，现在很多妈妈习惯于和他人做比较，不仅比吃比穿，还比谁的住房大，谁的轿车更高级。其中一些生活较为富足的妈妈更是把这些当作炫耀的资本。其实，这样做是不对的，这会让孩子把很多精力放在吃穿上，并且去和同学、朋友进行比较，从而养成虚荣、奢侈的坏毛病。所以，妈妈一定要厉行勤俭，给儿子树立一个良好的榜样。

方法二：让勤俭的意识在男孩心中扎根

一个妈妈曾经这样谈到自己的教子经验：

我7岁的儿子没有经历过苦日子，也不知道勤俭节约的重要性。他在家里很少做家务，在花钱方面更是大手大脚。虽然我们的家境还算可以，但是我决心改变这种状况。因为我认为懒惰、奢侈是一种非常不好的习惯，可能会贻害一个人的一生。在以后的日子里，我给儿子讲了很多古人勤俭节约的故事，让他知道勤俭节约是一种美德。

在生活中，我也经常有意识地称赞那些勤俭节约的行为，批评那些懒惰、奢侈的行为。慢慢地，儿子意识到了懒惰、奢侈的坏处，人不仅变得勤快多了，在花钱方面也不再大手大脚了。

方法三：用生活中的小事来培养男孩勤俭节约的好习惯

培养男孩勤俭节约的好习惯，可以让男孩从节省一张纸、节约一度电，帮妈妈扫扫地、擦擦桌子开始。这些事情虽小，但是时间长了，孩子就会慢慢养成勤俭节约的好习惯。值得注意的是，现在很多妈妈舍不得让儿子干活儿，更不忍心在花钱方面限制儿子，其实，这样做是不对的。我们现在让孩子受些苦、受些累，总比他们长大后受苦受累要好。所以，我们应该让儿子勤做家务，在花钱方面也不要过分娇惯他。

3. 告别邋遢，男孩要养成讲卫生的好习惯

下面这些场景是不是经常出现在你教育儿子的过程中。

场景一：

玩儿了一身汗的儿子一回到家就把衣服乱扔在地上，然后一屁股坐在沙发上，很潇洒地打开电视机，悠然自得地欣赏起了电视

我刚才叫你洗澡，你怎么还在看电视！你身上这么臭，想熏死人呀！
哎呀，哎呀！我讨厌洗澡，你真烦！
儿子，你身上湿乎乎的，多不舒服，为什么不先洗个澡呢？
好的，妈妈，我去洗澡。

节目，而不管你怎样催促他去整理衣服或者去洗个澡再看电视，他都选择敷衍你。

场景二：

妈妈刚刚辛辛苦苦把儿子的房间整理干净，等他回来没一会儿，他的房间又变回了“猪窝”，而且还为自己找了一个“漂亮”的理由：“妈，我放东西的时候自己都记着，你这一整理全乱了。”

日常生活中无论男孩为自己的邋遢找怎样的“漂亮借口”，妈妈都要让他明白：干净整洁的男孩子才更有魅力。

所以，男孩一定要养成讲卫生的好习惯，给他人留一个好印象，提升自己的气质，让自己更加健康。

那么，妈妈如何让男孩养成讲卫生的好习惯呢？

方法一：给男孩订立规则

一个聪明的妈妈是这样和自己的邋遢小子过招的：

我们家的子均是名副其实的邋遢小子，为了改正他不讲卫生的坏习惯，我为他制订了规则，例如，不洗手不准碰吃的东西，每天要自己整理好房间等。

有一天，他又为自己的不讲卫生找理由：“妈妈，我的手受伤了，我今天不想洗手。”

“均均，我们之前不是订好规则了吗，不洗手就……”

“妈妈，可我真的不想洗手，就这一次，这一次……”

看了一眼儿子祈求的眼神，我假装没听到，然后继续做自己的事情，没有理他，而丈夫也在我的眼神示意下，对儿子不理不睬，于是吃饭的时候，那小子扭扭捏捏地凑到饭桌前，但是我们没有给他餐具，也没有给他盛饭。

纵使小家伙的眼里含着泪水，我们也无动于衷，最后还是儿子妥协了，说：“爸爸妈妈，我去洗手，然后我们一起吃饭吧。”这时，我和丈夫都露出了赞许的目光，然后儿子乖乖地去洗手。

很多时候男孩并不是有意违反之前制订的规则，而是因为他不愿受束缚，更渴望自由，这时妈妈就要变得严厉一些，让孩子严格按照你制订的规则执行，否则就会助长孩子不讲卫生的坏毛病。

方法二：请一个爱干净的女孩来帮忙

男孩最爱面子，如果你在他的老师、朋友或者客人面前说他是一个邋遢、不讲卫生的男孩，他一定会觉得很难为情，因为没有任何一个男孩喜欢被别人看作“邋遢大王”。所以针对男孩的这一特点，不妨找一个爱干净的女孩给他上一堂“课”。

张竣很不爱干净，每次回到家都把衣服、鞋子乱扔，结果妈妈每次都要花费很长的时间帮他整理房间、书包，而且因为他的臭球鞋，整个客厅都有难闻的气味。

每天晚上，妈妈让张竣洗完澡再去睡觉，但他总是找各种理由推托。气愤的妈妈不知道想过多少办法“逼”儿子变干净，但他就是不听话。后来，妈妈转念一想，儿子自尊心很强，很要面子，于是就想了一个巧妙的办法——请隔壁与张竣同班的月月来家里做客，而且请月月去张竣的房间参观。

可想而知，爱干净的月月有意无意地表现出对张竣房间的嫌弃，这让张竣感到很难为情，后来妈妈就趁机让月月邀请张竣去参观她的房间。张竣从月月家回来之后，就像变了一个人，把自己和自己的房间都收拾得十分整洁。

方法三：让男孩多听听医生的劝告

男孩大多崇拜英雄，在他们的世界里，每到一个新领域，最关心的就是谁是头儿。在医学领域，医生就是权威人物，医生说的话自然很容易让男孩信服。

所以，生活中我们常听到有些妈妈这样对儿子说：“医生说了，饭前不洗手，肚子里就会有细菌，所以你要听医生的话，知道吗？”

但孩子改掉坏习惯不是一朝一夕的事。因此，对待不讲卫生的男孩，妈妈还需要更多的耐心。

4. 改掉男孩磨蹭的坏习惯

随着生活节奏的加快，妈妈的时间也越来越不够用。她们不仅要忙于繁重的工作，还要花费很多时间和精力照顾孩子。尤其是每天早上，时间很紧张，妈妈急得要命，可偏偏身边的男孩赖床、洗脸慢、吃饭慢……似乎怎么也急不起来。于是，冲突不可避免地爆发了。

男孩做事磨蹭，主要由三个原因所致：第一，在妈妈或老师的强迫下做事，自然没有做事的积极性，难免出现心不在焉、拖沓、散漫等状况；第二，无法集中注意力，所以容易形成拖拉的习惯；第三，男孩的年龄还小，没有时间观念，也缺乏处理事情的能力。

行为方式决定一个人的行为能力，如果男孩在幼年时便形成了磨磨蹭蹭的习惯，那将来改正起来就会非常困难。若改不掉这种习惯，还会在学习、生活、交际等方面产生一系列不良后果。作为磨蹭男孩的妈妈，应立即从点滴小事开始，教孩子提高办事效率。

方法一：排除无关诱因，让孩子专心做事

下面是一个妈妈的成功教子经历：

儿子上小学前，做事特别磨蹭，原因是他做事总无法集中注意力，容易被无关的事物所吸引。比如，他正在画画，突然听到电视的声音，便会丢下画笔，跑去看电视；他正在吃饭，窗前有只小鸟飞过，他就会放下饭碗去看个究竟……总之，儿子做事总是将“战线”拉得很长，且大多都半途而废。针对他这种情况，我在他做事时，开始刻意保持家庭环境的安静，久而久之，他做事专心多了。上了小学，很少有磨蹭的情况发生。

针对注意力不集中的男孩，妈妈可以学习这个妈妈的做法——当儿子正在做事时，尽量保持安静的环境，使他能一门心思扑在正在做的事情上。这样，既加快了速度又保证了质量，长期坚持下去，男孩就会改掉磨蹭的坏习惯。

方法二：制订生活日程表，培养孩子管理时间的能力

小军刚上小学，他的妈妈发现他做事特别慢。每天心不在焉不知在想什么，尤其在写作业时，一会儿抠抠鼻子，一会儿转转笔。别的孩子到晚上8点就能完成作业，到了小军这里，每天却要磨蹭到10点多。这可急坏了旁边陪读的妈妈，打也不是，骂也不是……

小军非常缺乏时间观念，他不懂得时间的意义、价值，才会做事磨蹭。对待这类孩子，妈妈要为其制订一个生活日程表，贴在他的房间里，每天记录孩子起床、穿衣、洗漱、吃饭等所用的时间，过一段时间后， 再看看有没有进步。为了提高孩子的积极性，你可以给他一些奖励，让他为自己的进步而高兴，从而加强时间观念。

方法三：引导孩子去竞争，以提高自身的灵敏度

下面是一个妈妈的教子经历：

我发现儿子自从上幼儿园起，便有磨蹭的现象。为了帮他改掉这个坏毛病，我便有意识地激发他的竞争心理，让他经常和身边的小伙伴一起竞赛：比勇敢、比速度、比认真等。通过这些比赛，不

仅锻炼了他的心智，还提高了他的灵敏度。现在，我的儿子已经适应了竞争中的节奏，很少有磨磨蹭蹭的情况出现。

如果男孩年龄还小，不曾接触社会，自然感受不到生活中紧张的气息。可如果不改掉磨蹭的习惯，男孩将来立足社会时，是无法适应激烈的竞争的。所以，妈妈可以适当增加一些紧张气氛，让孩子在竞争中逐步认识到自己的能力，从而改变磨磨蹭蹭的现状。

方法四：化催促为表扬，为孩子树立信心

孩子做事情磨蹭的时候，千万不要不停地催促他。大多数男孩并不是故意磨蹭的，你越催他，他的精神越紧张，越没有办法集中精力做事情。这时，妈妈可以化催促为表扬，通过表扬激发他做事的动力。以下是一个妈妈的教子经历：

我的儿子办事特别磨蹭，我的教育方法是表扬。表扬他磨蹭吗？当然不是。比如，我儿子每天晚上总是磨磨蹭蹭到很晚才睡觉，为此我急得每天批评他，可一点儿效果也没有。在书上我了解到，男孩很喜欢听好话。于是，我就试着对他说："我儿子现在长大了，懂事了，用不着妈妈提醒，就知道上床睡觉了。"话音刚落，儿子便钻进了被窝。第二天，我再次用表扬法让他上床睡觉。后来，在对待其他事情上，我也用同样的方法。效果真不错，我儿子磨磨蹭蹭的现象越来越少了，而且做任何事情都显得信心十足。

5. 培养男孩知错就改的好习惯

由于小男孩自身生理机能的发育和心理发展还不成熟，常常说错话、做错事，这些都是很正常的。一般来说，他们做错事不承认的原因主要有以下三点。

第一，小男孩自己不知道做错了事。例如，四五岁的小男孩在顽皮、嬉戏的时候把新买的衣服划破了，或者因为好奇心把妈妈刚买给他的遥控车拆得七零八落……这些实际上都不能严格定义为错事，因为小男孩探索欲、好奇心强，这时妈妈不可过多指责，而是应该在不伤害孩子自尊心的前提下，给予他正确的指导，告诉他“为什么”“怎么样”“如何做”。

第二，男孩因个性强做错事拒绝认错。生活中有很多性格比较执拗、倔强、任性的小男孩，他们怕丢面子，所以做错事后坚决不承认。应对这样的小男孩，妈妈一定要有足够的耐心和毅力，用温和、鼓励的语言去引导和启发男孩认识到自己的错误。

第三，男孩做错事，怕受惩罚，于是不敢向妈妈认错。教育男孩时总是有很多妈妈用呵斥、打骂等简单、粗暴的方式，这样会使男孩感到恐惧和无所适从，于是为了逃避惩罚，他们选择说谎，而且拒不承认自己做了错事。因此，妈妈必须改变自己这种错误的教育方式。

当妈妈清楚男孩不认错的原因后，下一步就应该找准方法“对症下药”，培养男孩知错就改的好习惯。

方法一：给儿子树立知错就改的好榜样

一个妈妈这样讲述自己的教子经历：

我这个人比较大大咧咧，说话也不太注意，时常带出骂人的话，时间长了就习惯成自然了。但令我没想到的是，儿子竟然受我的影响，也总是口吐脏字。幸亏，有一次好友提醒我：“你儿子说脏话，都是你的‘功劳’，只是你习惯成自然，察觉不出来罢了。”此时，我才恍然大悟，于是回到家后，我很诚恳地对儿子说：“从这一刻起，我要改正自己讲脏话的坏毛病，你听见我再说脏话就提醒一下。”于是，从那天之后，儿子非常认真地执行这项“任务”。有时在饭桌上，我突然顺口说出一句不恰当的话，儿子马上用手捂我的嘴，并且说“妈妈，这是脏话，快收回去”。后来，谁都夸我儿子文明了、懂事了，我想这和我“身体力行”的教育是分不开的，我真的很欣慰。

事实上，正如这个妈妈说的一样，如果不是她知错就改的实际行动影响了儿子，那她的儿子可能还是一个满嘴脏话、不会改正自己错误的孩子。因此，作为妈妈，我们不要一味去要求孩子改正，而是应该从自身做起，成为孩子学习的好榜样。

方法二：男孩犯错后要及时纠正

妈妈在处理男孩所犯的错误时，不仅要注意男孩的言语道歉，更要关注他改正错误的行为。

小辉是个名副其实的“小霸王”，每次到外面玩儿时，不是推倒小妹妹，就是用脚踢哭比他大的小哥哥，妈妈总是不停地应付小辉闯的祸，可他竟然连个“对不起”都不说。

有一天，妈妈带小辉到叔叔家做客，一开始小辉和妹妹玩“过家家”还挺乖，可两人玩儿着玩儿着，就为谁扮演警察而吵起来，小辉更是一把将妹妹推倒，妹妹哭着向小辉的妈妈告状：“他欺负我！”

这时，妈妈拉过小辉要他向妹妹道歉，小辉把头一仰就是不说话。眼看妈妈伸出手就要打自己了，小辉才不服气地拉着长声说：“对不起，我错了，哼！”看着儿子一副不知错的模样，小辉妈妈真是又急又气。

当男孩做错事时，妈妈应及时给予教育并纠正，让他知道只要及时改正错误，就可以得到谅解。妈妈切忌在儿子做错事后，用批评、指责、冷嘲热讽等方式，这样只会造成男孩的逆反心理，为自己的错误找借口。

方法三：要以宽容之心接受男孩的道歉

妈妈正确引导男孩认错之后，下一步要做的就是以一颗宽容之心来接受孩子的道歉并及时给予适当的安抚。

首先，妈妈应安抚一下儿子内疚、不安的情绪，对他说："好儿子，你能主动承认错误，我很高兴。"然后再告诉他下次遇到各种状况应该如何处理，并让他有机会表达自己的意见。

这个世界上没有一个从不犯错的孩子，而且很多时候当他有了自己的认知能力和判读能力之后，他与妈妈的看法会有差异。因此，你要给犯错的孩子一个解释的机会，如果他讲得有道理，那么就支持他；反之，要引导他朝着正确的方向行进。

6. 让男孩在运动中健康成长

陶行知先生说过："解放孩子的手，让他们尽情地去玩；解放孩子的脚，让他们到处去跑……"这些话在现在仍然没有过时，良好的身体素质是创造幸福生活与成功事业的基石，而运动则是健康的有力保证。适当的运动不仅可以让男孩健康，还可以舒缓他的学习压力。

但在现实生活中，常常有很多男孩不喜欢体育锻炼。每当妈妈邀请他一同出去健身，他就会犯懒，开始找出无数个理由，比如，身体不舒服、天气不好不想外出等来搪塞妈妈。除非是那些他感兴趣、愿意做的事情，否则他就会装得像个病猫似的躺在床上睡觉，拒绝到户外去锻炼身体。

为什么有的男孩对运动没有兴趣呢？主要有以下三个原因：

第一，有的孩子并非天生不喜欢运动，只是因为自己肥胖、手脚笨拙、身材矮小等，害怕自己在公共场合出丑，所以才不愿意参加运动。

第二，一些男孩自认为缺乏在某项运动中取胜的能力，所以常常表现出小心谨慎的态度。

第三，还有一些孩子对运动根本没有兴趣，他们天生好静，喜欢一些安静的活动。

无论哪种原因，妈妈都可以用“鼓励＋引导”的思路化解。适度的鼓励，可以增强男孩在运动方面的信心；正确的引导，才能激发男孩对运动的热情。

妈妈该用什么方法引导孩子呢？专家给出几种方法。

方法一：鼓励男孩去参与自己感兴趣的运动项目

很多时候，男孩不愿意外出参加锻炼，无非就是觉得体育锻炼非常枯燥、乏味。但事实上，体育运动的种类是非常多的，你可以根据他感兴趣的项目为他报一个课外活动班，这样就能让他在自己喜欢的项目中得到充分的锻炼。

假期的一个晚上，小韩被妈妈拉着外出散步。在小区广场上，小韩看到很多和他同龄的孩子都穿着轮滑鞋自由地滑行，还有一些男孩不时地做一些花样动作，引来一阵阵掌声和欢呼声。

小韩妈妈见儿子看得很入迷，于是便问小韩想不想像他们一样学轮滑，小韩当即兴奋地点点头。

第二天，妈妈便带着小韩报了那个轮滑训练班。起初，小韩还信心满满地去学，但是当他发现自己穿上鞋后连站都站不稳，就有些不想练了。这时，妈妈就鼓励小韩说：“你现在经历的他们都经历过，只要你熬过去了，就能像他们一样自由自在地在广场上滑行了。妈妈相信你，别人能做到的，我的儿子一样能做到！”在摔倒很多次后，小韩终于能够穿着轮滑鞋自由地运动了。一个假期过后，小韩终于学会了轮滑。于是，在接下来的每个晚上，广场中都能看见小韩快乐的身影。

由于小韩掌握了这种“新本领”，原本内向的他从此变得开朗，他的自信心被不断激发，在学习上也比原来用功了。

其实，如果你想让孩子积极地参加运动，就必须积极地开动脑筋，不要局限在跑步、散步等常规的运动项目上，生活中还有很多项目可以让孩子乐在其中。

方法二：组织男孩与伙伴们一起互动

以下是一个妈妈的教子经历：

我的儿子是个小胖墩儿，本想教他借助运动减重，可是他一点儿都不喜欢运动，每次运动都需要我催促，没运动一会儿就嚷着回家。看着他越来越胖的身体，我有些茫然了。

一次偶然的机会，我认识了一个业余羽毛球教练，原来他和我一样，也在为自己的儿子不爱运动而苦恼。突然，我产生了一个想法，不如让两个孩子一块儿运动，说不定会有不一样的效果。于是我以带儿子去玩儿为由，让他去参加了一下羽毛球训练，同时还叫上了教练的儿子。事情果然如我期望的那样，两个孩子很投缘，凑在一起玩儿得很开心。此后，为了让他们更有积极性，我还叫他们叫上自己的伙伴一起参与进来。就这样，几年下来，孩子们的身体都变得强壮了，运动技能也提高了。令我开心的是，儿子每次运动都很主动，再不用我督促了。

要想让男孩喜欢上运动，并始终保持运动的热情，妈妈可以想办法组织几个孩子在一起运动。孩子们通过互相竞争，互相促进，互相监督，就能够克服懒惰等现象。

第九章

责任感胜于能力，让责任感在男孩心中扎根

1. 男性的第一魅力是责任感

我国著名作家余秋雨说过这样一句话：“男性的第一魅力是责任感。”没错，责任感是一种高尚的情操，也是一个人安身立命的基础。无论是家庭还是社会团体，都喜欢那些责任心强、敢于承担的人。如果一个男孩没有责任意识，就不会被委以重任，也不会受到大家的欢迎。

对于男孩来说，他的肩头是用来承担责任的。因为男孩长大后，不仅要参加工作，还要担负起家庭的重担，如果缺乏责任心，就无法承担起自己的职责，无论是家庭还是事业发展，都会受到很大的影响。

但是，现在很多男孩都缺乏责任意识，当他们做一件事的时候，并不是全身心投入，稍微一遇到困难就选择放弃，根本不去考虑后果。还有些男孩从小就喜欢找借口，当他们被批评的时候，只会一味地在别人身上找原因，而不从自己身上找原因。

其实，男孩责任意识淡薄和家庭教育的方式有很大关系。现在很多男孩都被家人娇惯，使他们变得以自我为中心。一个人要对某事负责，必然会有所付出，甚至还要在某些方面放弃自己的利益，但是一个以自我为中心的人必然不愿意放弃自己的利益，所以就会变得责任意识非常淡薄。

因此，妈妈要从小培养儿子的责任感，让他成为一个有责任心、勇于承担责任的人。

方法一：让儿子为自己的行为负责

一天，康康和朋友借了一个玩具来玩儿。那个玩具本来就快坏了，康康玩儿的时候又非常用力，很快就把玩具玩坏了。妈妈对康康说：“你把朋友的玩具玩坏了，再买个新的还给他，好不好？”康康说：“好的，妈妈，下次我一定爱惜玩具！”新玩具买回来以后，妈妈发现康康一直自己玩儿，好几天也没有给朋友送过去。妈妈问：“你怎么不把玩具给朋友送过去呢？”康康说：“他那个玩具早就坏了，又不全是我一个人的责任。”妈妈听出了儿子的意思，他是不想把新玩具给朋友。于是，妈妈又说：“虽然那个玩具快坏了，但它毕竟是你弄坏的，你就应该给朋友买个新的。这样朋友以后才会把其他玩具借给你，对吗？” 康康想了一会儿，虽然仍有些不愿意，但还是拿着那个新玩具去朋友家了。

这个妈妈很明智。其实，培养男孩的责任感，就要让他对自己的行为负责，尤其是为自己犯下的错误负责。男孩只有学会了对自己的行为负责，才能逐步地发展为对家庭、对他人、对集体、对社会负责。

方法二：鼓励儿子积极参与家庭事务

有一个妈妈的教育经验是这样的。

我儿子上小学五年级，虽然他年龄不大，但是很多时候，我都把他当作大人看待。比如家里要买新家具，我也要听听儿子的意见。前些日子，我还给了儿子一项权利——每逢周六、周日，由他决定买什么菜、做什么饭。对于这项权利，儿子非常看重，不仅每次都会认真考虑一番，还买了一个小小的记账本，把每次所花的钱记在上面。对于儿子来说，这些都是很好的锻炼，大大增强了他的责任感。

要想培养男孩的责任意识，首先就要让他关心自己的事、家庭的事以及身边的事。例如，当屋子脏乱的时候，让他收拾一下屋

你这个孩子，怎么把朋友的玩具弄坏了，真是气死我了！以后不许再借别人的东西了！
我拿来的时候玩具就坏了，我就不赔，就不赔！
你把朋友的玩具玩坏了，再买个新的还给他，好不好？
好的，妈妈，下次我一定爱惜玩具！

子；当妈妈生病的时候，让他替妈妈端端水、送送药，甚至为妈妈做一顿饭。当男孩把这些事情做得多了，就会慢慢养成习惯，责任感自然也就培养起来了。

2. 上好生命教育这一课

人们常说："男人如山，女人如水。"因此，在世人的眼里男人就应该是坚强的，他们有一颗能够经受住打击的强大的心，但再勇敢、坚强、乐观的男人都会有脆弱的一面，尤其当他还是一个懵懂少年时，他并没有人们想象的那么坚毅。

下面我们就来看两个真实的事例：

场景一：

初中二年级的李星因为不堪忍受同班同学的欺负，竟然趁家中无人之际，留下一纸遗书后，在浴室割腕自杀。李星刚刚14岁，平时也是一个十分乖巧的男孩，从来没让家人操过心，人们在他稚嫩的笔迹里看到这样的话语："亲爱的爸爸妈妈、爷爷奶奶、三叔、三婶，对不起，我走了……我实在是无法忍受别人的嘲笑和欺负了，我只有选择死，只有死亡才能让我的痛苦结束。我爱你们，但我不想这么痛苦……我以后再也见不到你们了，我爱你们……"

场景二：

高二的镇镇有一次回到家对自己的父母说："我失恋了，不想活了。"当晚，他竟然真的选择从自家的阳台上跳了下去，幸好楼下邻居的雨篷起了缓冲作用，才让他捡回一条命，但是摔断双腿的他以后再也无法站立起来了。

看到这里，我们不禁要问："为什么男孩的心灵如此脆弱，动不动就用死来结束自己的痛苦呢？"上面这两个事例恰好可以回答这个问题，一是男孩无法很好地处理与他人的人际关系；二是男孩在情感上出现了问题，例如失恋等。

因此，如何给青春期男孩上好生命教育这一课，显得尤为重要。下面就给家长提供一些方法，希望它们能够帮助你引导和培养男孩形成正确的生死观。

方法一：让男孩学会坦然接受生命的终结

死亡并不是一件可怕的事情，它就和新生命的降生一样，是最自然的事，因此我们必须让青春期的男孩学会坦然接受生命的终结。

东东是由外婆带大的，所以和外婆的感情非常深厚，但是外婆因为重病离开了人世，这让东东难以接受。外婆去世的时候，东东正在上寄宿高中，妈妈担心他分心，就没有告诉他，直到暑假东东才知道最疼爱自己的外婆已经去世了。东东很伤心，对死去的外婆怀有一种深深的愧疚，认为自己很不孝，没有见外婆最后一面，所以那个暑假他异常地消沉，谁也不理，经常把自己锁在房间里，饭也不吃。

妈妈看不下去，决定和东东好好谈一谈，说："东东，妈妈知道外婆的离开使你很难过，妈妈和你一样难过，直到现在我也不相信我的妈妈已经离开我，我总觉得她去了一个很远的地方，总有一天还会回来看我的。"说到情深处，妈妈的眼圈红了。

"妈，我也有这种感觉，我到现在也不相信外婆不在了。"东东说着眼泪就流了下来。

"好儿子，妈妈了解你的感受。不过，外婆确实是不在了，有一天妈妈也会不在，这是大自然的规律……"

"妈，我现在心里好多了。"说完，妈妈和东东相视一笑，悲伤的氛围被这温暖的话语化解开了。

方法二：用恰当的词语向男孩表达和描绘死亡

很多家长对儿子讲到死时，总是会闪烁其词，或者用其他浪漫的语言掩盖。

妈妈在回答男孩有关死亡的问题时，绝不能将那些错误、不恰当的死亡概念传递给儿子，例如，用极其可怕的事物形容死亡，这种错误的描述只会徒增男孩的恐惧感，根本达不到对男孩进行生命教育的目的。

正确的方法是当妈妈在对儿子进行生命教育时，首先要让他明白死亡的客观存在，而且终将到来。同时你要告诉他死亡既不是神乎其神的事，也不是可怕的事，而是一件人人都会遇到的平常事，鼓励男孩坦然面对。

方法三：让男孩正确认识到自己生命的价值

青春期男孩有时总是带着无法令人参透的表情问父母："人为什么会活着啊？"这是一个仁者见仁、智者见智的问题，但父母给出的答案应该是积极的、乐观的、向上的，因为只有这样的回答才能让男孩正确认识生命的意义，才能让他充满希望和热情，去迎接美好的未来。

3. 劳动有利于建立男孩的责任感

运用自然教育法成功培养女儿的美国著名语言学教授斯托夫人认为："要想把孩子的精力引向好的方面，必须尽早开始让孩子对工作、劳动感兴趣。"可见，劳动应该是男孩的"必修课"，它可以使男孩获得能力，让他变得有责任感，并用积极的心态去面对生活，变得成功、幸福。

哈佛大学曾经对波士顿的四百多名男孩进行了跟踪调查，了解他们的生活经历和成长过程。结果显示，不管这些男孩的智力、家境、种族或受教育的程度如何，也不管他们在生活、学习上遇到多少困难和挫折，那些从小参加劳动的人，即使只在家里做一些简单的家务，都要比那些没有劳动经验的人更充实和幸福，也更具有责任感。

因此，妈妈要给男孩施展自己能力的机会，让他学着自己的事情自己做，不会的事情学着做，会做的事情经常做，只有这样，男孩才能养成爱劳动的好习惯。

方法一：让男孩参与家务，并且鼓励他劳动的积极性

澈澈全家吃完饭，妈妈开始收拾碗筷，澈澈马上想去帮忙："妈妈，我帮你刷碗。"说完就要准备干活儿了。"你去和爸爸玩儿吧，妈妈做就行了，你上次刷碗，就摔坏了一只，地上弄得到处是水，快出去吧！"妈妈说着就把澈澈推出了厨房，澈澈很不高兴地走了。

澈澈妈妈因为怕麻烦而拒绝了儿子参与家务，实在大大打击了儿子的劳动积极性。所以妈妈要想培养儿子的劳动能力，就要让他习惯成为家里的小帮手，做一些他力所能及的事，比如拖地、擦桌子、倒垃圾等，逐渐养成爱劳动的好习惯。另外，不要因为怕儿子犯错就阻止他，应该鼓励他劳动的积极性。

妈妈千万不要小看这些琐碎的劳动，它们可以培养男孩的耐心、细致、独立性、责任感以及动手能力。所以，多给儿子一些鼓励，让他参与到家务劳动中来吧！

方法二：让男孩明白只有劳动才可以创造美好生活

高尔基说过一句话：“我们世界上最美好的东西，都是由劳动、由人的聪明的手创造出来的。”可以说，正是劳动创造了这个美好的世界。有些有心的妈妈就是通过锻炼儿子的劳动能力，让他明白了劳动的意义。

有一个妈妈就是这样做的：

我经常让儿子在放学回来时买一些日用品，而且，回家后我让他把所买东西及账目都记到本子上。这看似微小的事，却会让儿子体会到生活的快乐和不容易，同时，他的劳动能力、责任感也得到增强，而且在不知不觉中还锻炼了他的生存能力。

这真是一个明智的妈妈，她有意识地让儿子参与、计划家庭事务，时间久了，男孩就会养成一种关心家庭，认真负责的好习惯。而且这个男孩学会了有计划地花钱，养成了良好的生活习惯。所以，有意识地让男孩明白只有劳动才能创造美好生活，才能大幅度提升他对家庭、对自己的责任感。

4. 责任感来源于信任和尊重

在一次亲子座谈会上，一个妈妈说：“我可能伤害了我的儿子！”接着她讲述了这样一件事情：

上个周末，我正在家里打扫卫生，儿子领一群同学到家里玩儿，因为怕把刚拖的地踩脏了，我就没让他们进门。结果儿子晚上回家后闷闷不乐，问了好久才知道，原来同学们觉得他说话不算话，以后再也不来我们家玩儿了，这让儿子觉得很没面子，心里对我也有了意见。

很多家长都会觉得，让儿子衣食不愁、受到最好的教育就是爱他的表现，却往往忽视了男孩有被信任、被尊重的心理需求。例如，当男孩对家庭事务发表意见时，或者想单独做件事时，很多父母会说："你小屁孩儿知道什么啊！"孩子根本没有发言权和选择权，久而久之，他会以为很多事情和他一点儿关系都没有，他不必为此负责和努力，责任感自然也就渐渐消失了。

另外，男孩的责任心不是靠强迫就能养成的，而是需要他的自觉行动。如果你依靠各种强制手段逼迫儿子去完成某件事情，那样只会引发他的逆反心理，造成亲子之间的矛盾，甚至导致亲子关系破裂。

所以，妈妈一定要给予男孩应有的尊重和信任，让他充分自由地表达自己的意见，让他自己去做决定，并鼓励和尊重孩子的选择。

当然，妈妈在给予孩子信任和尊重的过程中是要讲究教育方法的。

方法一：用"拉钩"来培养男孩的责任感

坤坤最近早晨不爱吃早餐，有时还表现得很厌烦。虽然妈妈每天变着法儿地为儿子做早餐，但是他似乎并不领情，想吃就吃，不想吃就跑到一边玩玩具。妈妈每次都硬要求他吃完早餐再去玩儿或者再去看动画片，但是效果并不大，他依然是"左耳进，右耳出"。一天早晨，妈妈把儿子叫到面前，并当着坤坤爸爸的面让儿子和她拉钩，拉了钩后就一定要做到！没想到，坤坤对此很感兴趣，嘴里还说着："拉钩上吊，一百年不许变。"第二天早上，妈妈提醒儿子说："还记得昨天我们拉过钩吗？"这次坤坤果然很乖地吃起早餐来。晚上爸爸回来时，妈妈还当着爸爸的面表扬了坤坤。

拉钩对孩子来说可能是个游戏，却对他具有良好的约束力。如果父母能深入发掘下去，会发现拉钩这样的事其实也是男孩责任感的一种最初体现。和儿子约定好一件事情，然后儿子为了实现自己的承诺而愿意为之做出努力，这就是责任感的良好开端。

方法二：信任男孩，允许他犯错误

一个妈妈这样讲述自己的教子经历：

有一次，儿子因为好奇，想要"鉴定"一下瓷碗究竟会不会破碎，竟然当着我的面拿起一只碗就往地上摔去。面对满地的碎片，我是又生气又无奈，虽然儿子马上意识到自己的错误，以为我会责骂和惩罚他，但是我很快让自己冷静下来，只是让儿子清理好碎片，并且告诉他瓷器易碎。后来，儿子从易碎的瓷器联想到同样易碎的镜子、玻璃杯、眼镜等，学会了保护和使用它们，再也没有弄碎过任何东西。

英国教育家斯宾塞说过："当孩子感到被爱、被信任时，奇迹不久就会出现在你眼前。"没错，妈妈对孩子的爱与信任、理解与尊重会让孩子创造出奇迹。不过，首先你要允许孩子犯错，让他在错误中成长，而不是因为孩子犯错打骂和惩罚孩子。

方法三：尊重男孩的意见

男孩虽然年纪小，但他也应有自己的权利，例如，知情权、话语权、选择权等。在家庭关系中，妈妈应该把儿子放在与自己平等的位置，学会凡事多和孩子商量，尊重和听取他的意见。当你把孩子看成一个与自己平等的家庭成员，并且对孩子的分析和判断能力给予肯定和赏识时，他一定愿意为自己的决定负责，因为这是他自己思考、努力、争取的结果。

那么，妈妈如何真正做到把儿子当成一个与自己平等的家庭成员呢？首先，要尊重和信任孩子的意见，即使有时他的意见和建议比较幼稚，你也不要打击和嘲笑他，而是在给予信任的基础上加以引导。其次，让儿子多参与家庭事务的决策，让他真切感受到对于家庭他有责任，并且应该负责，这样无形中他也会感受到妈妈对他的重视，做起事情也不会那么浮躁和莽撞，反而会勤奋和懂事起来。

5. 让男孩对自己的承诺负责

孔子曾说："人而无信，不知其可也。"意思是说，信用是为人根本，不讲信用，难以在社会上立足。人生活在这个世界上，就必须和其他人打交道，而在打交道的过程中自然会产生承诺，有了承诺就要学着对自己的承诺负责，否则只能成为言而无信的人。

所以教男孩对自己的承诺负责，就是要让他成为一个言而有信的人，行必果的光明磊落的君子，成为一个恪守信用的男子汉，这样他才能交到真正的知心好友，才能成就一番事业。

期中考试前一天，英杰觉得就算再怎么复习也来不及了，于是就想偷懒不复习了。就在他要偷偷溜出门玩儿的时候，被姐姐撞见了。

姐姐说："你是皮卡丘的弟弟'皮在痒'啊？这都什么时候了，你竟然还出去玩儿？"

英杰说："反正再怎么临时抱佛脚，我也会考不及格！"

姐姐说："你既然已经答应爸爸妈妈要好好准备这次的期中考试，就应该尽力去做，不然怎么对得起这么相信你的爸爸妈妈呢？"

"好啦！我这就回去复习！"说完，英杰就惭愧地回房间复习了。

无论是对孩子还是对成年人来说，信守承诺都是非常重要的，因为只要一次失信，就很难再获得别人的信任。因此，每个人都应该养成信守承诺的习惯。父母要为儿子树立信守承诺的好榜样，让他在潜移默化中感受到信守承诺的重要性。

方法一：强化男孩信守承诺的行为

有一个妈妈这样讲述自己的教子经历：

暑假的一天，我想带儿子去公园玩儿，可是，儿子却拒绝了。我奇怪地问他："你不是早就想让我带你去公园玩儿的吗？"然后有些生气地接着说："我今天好不容易安排出时间，你这孩子怎么又不去了？"尽管我的语气不好，儿子还是坚定地摇了摇头。

原来，儿子昨天答应同学，让他来家里一起玩游戏。虽然他很想和我去公园玩儿，虽然同学可能不会来，但他不能对同学失信。"我约了同学，"儿子说，"我不能说话不算数。"听了儿子的解释，我向他竖起了大拇指。

强化男孩的诚信行为是培养男孩诚信品质的重要手段。因此在男孩有诚信行为的时候，妈妈一定要及时给予肯定，这样能够有效强化男孩的诚信行为，使诚信变成他的内在品质。

方法二：妈妈对孩子许诺要慎重

妈妈对儿子许诺前要慎重考虑。例如，该不该对儿子许诺，诺言能不能兑现，这种许诺对儿子来说到底好不好等。如果你对男孩许诺了什么，就要严格履行自己的诺言。

妈妈只有恪守信用，才能在儿子心中树立威信。妈妈要教育他一旦承诺了就要负责。因为一个人的能力是有限的，而且有些许诺容易实现，而有些很难实现，所以我们要教育男孩在对别人许诺之前，慎重考虑自己有没有能力和把握做到这件事，如果不能做到，就不要轻易许诺；即使有把握做到，也要给自己留有余地，不要大包大揽。

我们还要教育男孩对别人讲信用、负责任，答应别人的事要兑现。如果自己没有做到，要诚恳地说明理由，并表示歉意。

第十章

全面发展，让男孩拥有杰出的领导力

1. 合作能力是男孩必不可少的一种素质

一位教育专家说过："21世纪的成功者是全面发展的人、富有开拓精神的人、善于与他人合作的人。"这位教育专家把合作能力当作成功者必不可少的一种素质。随着社会的发展，社会分工越来越细，人与人之间的合作也越来越多。现在无论是企业还是其他机构，都讲究团队合作。所以，我们若想让孩子更好地适应社会的发展，从小就应该培养他的合作能力。但是现在的孩子普遍缺乏合作能力，平时被爸爸妈妈娇惯着，事事都以自我为中心，很少会考虑团体以及他人。

场景一：

杨杰5岁，是一个不合群的孩子。在幼儿园，每次老师让大家活动的时候，他都要第一个玩那些他喜欢的玩具。如果没有抢到手，他就会哭闹，甚至会和别的孩子打起架来。有一次，他和另一个小男孩都想玩毛毛熊，但是谁也不让谁，最后毛毛熊都被他们撕抢坏了。因为不合群，杨杰在幼儿园基本没有朋友，大家都不愿意和他一起玩儿。

场景二：

手工课上，幼儿园老师把孩子们分成了三组，看哪一组最先把手工做好，但是每一组只有一把小剪刀。为了争抢小剪刀，某一小组的两个男生打了起来，谁也不肯让谁，最后他们这一组在规定的时间内没有把手工做好。

上面这些事例，都是生活中经常出现的，会对孩子产生消极影响。一位社会学家说过："一个人如果缺乏团结合作的精神，那么他不仅在事业上很难有建树，甚至连适应社会都很困难。"这句话是非常有道理的，善于合作的人人际关系会比较好，在困难中也会比别人多几条路。所以，我们应该从小培养孩子的合作能力，让他学会在团体中发展壮大自己。

方法一：让男孩学会分享

要培养孩子的合作能力，首先就要让孩子学会分享。这样，他在团体中才不会斤斤计较自己的得失，也能够和他人友好地相处。

一个妈妈曾经这样谈到自己的教子经验：

我儿子是一个合群的孩子，大家都非常喜欢他。每当有了好吃的，他会带给其他的小朋友尝一尝；有了好玩儿的玩具，他也愿意和大家一起玩儿。正因为懂得和大家分享，我儿子的朋友特别多，人缘儿也特别好。在儿子小时候，我就教育他要懂得分享。吃饭的时候，我让他学着给爷爷奶奶夹菜；有了好吃的，我鼓励他拿出来和朋友一起分享；坐公交车的时候，我教育他把座位让给老爷爷老奶奶。正是生活中这些小事，让儿子成了一个懂得分享、关心他人的好孩子。

方法二：让男孩多参加一些团体活动

生性好动的男孩，妈妈可以鼓励他多参加一些团体活动，如足球、篮球、辩论赛等。通过这些团体活动，既可以培养男孩广泛的兴趣，还可以让他认识到团结合作的力量，从而让自己更好地融入团体。此外，妈妈也应该告诉儿子团结合作的重要性，使他知道一个人的力量是有限的，集体的力量才是无限的。等他认识到了团结合作的重要意义，就愿意把自己融入集体了。

方法三：教给男孩一些合作的方法

在合作过程中，难免会产生摩擦，所以让孩子学会体谅别人也非常重要。当他学会了体谅别人，才能处理好各种矛盾，从而更好地融入集体。

一个妈妈这样讲述自己的教子经验：

我儿子8岁，在和别人交往时，他总是以自我为中心，一点儿也不懂得体谅别人。有一次，他气呼呼地对我说："我好不容易盼来一节体育课，但是体育老师生病了，让我们改为自习课了。真气人！"我对儿子说："妈妈知道你非常喜欢上体育课，但是每个人都有生病的时候。你想一想，上个月你感冒咳嗽的时候是不是很难受，如果你是体育老师，你还能给学生上课吗？"儿子想了想说："生病是挺难受的，我再也不埋怨体育老师不能给我们上课了。"后来，我经常告诉他要换位思考，不能光想着自己，慢慢地，儿子也学会了体谅别人。

2. 超越自我，提升男孩的个人竞争力

一位商界名人说过这样一句话："唯一能持久的竞争优势是胜过竞争对手的学习能力。"这句话用在教育男孩身上同样适用，即一个男孩要想获得持久的竞争力，就要不断超越自我。妈妈也要清楚一点：教会孩子战胜自己比战胜他的对手更重要。很多妈妈也许都听过"鲶鱼效应"的故事：

喜欢吃沙丁鱼的挪威人，一直在千方百计地想办法把活的沙丁鱼从茫茫大海中带回到市场上，但是渔民们发现每次捕获的大量活的沙丁鱼都会在中途因窒息而死亡。但是却有一条渔船总能让大部分沙丁鱼活着回到渔港，人们不知道其中的原因，因为这艘渔船的船长一直严守着秘密。直到有一天这位船长去世，谜底才揭开。原

来聪明的船长在装满沙丁鱼的鱼槽里放进了一条以沙丁鱼为主要食物的鲶鱼。鲶鱼进入陌生的环境后，便开始四处游动，而害怕生命受到威胁的沙丁鱼就变得很紧张，左冲右突，加速游动。这样一来，沙丁鱼又吸收了氧气，自然不会死，也能活蹦乱跳地回到渔港了。

沙丁鱼为什么在有天敌的情况下，反而能存活得更久呢？很显然，当它生命受到威胁时，它的神经和动作都会变得异常敏感，于是为了活命，它不能安于现状，必须想办法突围，就这样在一次又一次的奋力挣扎中，它获得了活命的机会。

同样，妈妈在教育男孩的过程中，也可以恰当地运用“鲶鱼效应”的原理。当然，这里的“鲶鱼”并不是真的要你为孩子树立一个对手或者敌人，而是教会他怎样一步一步地去挑战自己，做得更好，怎样在竞争激烈的社会中拥有很强的竞争力。

方法一：帮助男孩找到竞争的优势

小坤总觉得自己是一个“一无是处”的男孩。例如，他觉得自己学习赶不上别的同学，课堂上也不敢回答老师的问题，总是会担心自己被同学嘲笑。下课后他也不大和同学一起玩儿，如果有同学邀请他加入游戏，他就会说：“这个游戏我不会玩儿，你们玩儿吧！”然后就一个人回到座位上坐着去了。妈妈觉得有必要改变小坤的这种状况，于是开始在生活中鼓励和肯定小坤，让他首先学会相信自己，然后再相信自己的能力。慢慢地在妈妈正确的引导和鼓励下，小坤变得越来越有自信，学习成绩也越来越好了。

妈妈教给儿子人生的第一课应该是让他相信自己，相信凭借自己的努力能做成很多事情。在生活中，妈妈要仔细观察男孩身上的优势和闪光点，然后对此表示肯定。哪怕是孩子身上最微小的优点，经过妈妈的细心调教和正确引导，都有可能成为改变男孩人生的奇迹。

方法二：正确引导男孩向竞争对手学习

有人说，对手就是一面镜子，能照出自己的不足，更能完善自己。因此，妈妈应该正确引导男孩向自己的竞争对手学习。

刚读初一的张刚下决心要将自己的学习成绩提升到班里前三名。妈妈问他：“刚刚，现在班里前三名都是你的竞争对手，但要想超过对手，就必须知己知彼，所以你首先必须了解你的竞争对手，然后虚心向他们学习。你知道你们班前三名都是谁吗？”张刚说：“我知道。”接着，他说出了前三名同学的姓名。妈妈又问：“第三名同学与你相比有哪些优点？”他说：“他学习很刻苦，而且学习主动性很强；课堂上总是勇于举手发言，而且虚心好问。”妈妈又问：“第二名同学和你相比有哪些优点？”张刚说：“她上课注意听讲，而且能够对所学的知识融会贯通，举一反三。”妈妈又问：“第一名同学与你相比有哪些优点？”张刚说：“他基础知识扎实，而且很有时间观念，很有毅力，遇到难题不解出来不罢休，喜欢钻研，而且他知识广博，喜欢看课外读物。”于是妈妈说：“刚刚，现在你知道应该怎么做了吧？记住，了解对手，心里才能有底；学人之长，才能胜利有望。”张刚顿时恍然大悟，信心十足地说：“妈妈，我明白了。下次考试你看吧，我一定会追上他们的！”妈妈也信心十足地看着儿子说：“好儿子，我相信你能成功。”于是，在妈妈的启发和帮助下，张刚看到了竞争对手的优势，并且找出了自己存在的差距，学习的时候能够及时地查漏补缺，比他们学得更努力、更刻苦。最终，他在期末考试时名列前茅。

由此可见，妈妈应该引导男孩了解自己的竞争对手，然后不断完善自己、挑战自己，多学习对方身上的优点，这样才可能在竞争中取胜。

事例一：

13岁的小明放学回家之后，发现家里大门紧锁，爸爸妈妈都不在家。此时的小明没有向邻居求助，也没有去奶奶家，而是一直坐在家门口等到深夜，哪怕已经饥肠辘辘也没有离开大门一步。

事例二：

小辉和亮亮约好去游乐场玩儿，结果到了游乐场，亮亮一直没出现，小辉就坐在游乐场里一直傻等，既没有打电话询问发生了什么事情，也没有自己先在游乐场里玩儿，而且因为等亮亮，他显得非常焦急，认为亮亮不守信，其实，亮亮是因为路上堵车耽误了。

很显然，小明和小辉在遇到突发状况时，都没有学会随机应变，结果令自己吃了苦头。可见，应变能力对男孩来说多么重要。

所谓应变能力，其实就是指人在面对外界发生的改变时，所做出的反应，可能是本能，也可能是深思熟虑之后所做出的决定。但只有正确、快速的应变能力能帮助男孩节省时间、减少麻烦、提高做事效率。最重要的是，应变能力能够让男孩适应瞬息万变的世界，面对突如其来的情况临危不乱。所以，妈妈要从现在开始就想办法提高男孩的应变能力。

方法一：让男孩明白计划赶不上变化的道理

有一个妈妈的教子经验是这样的：

快放暑假的时候，我答应儿子带他出去旅游，但事先我是这样对儿子说的："虽然妈妈答应带你出去玩儿，但你要考虑到突发状况，以便做出相应的调整，比如到云南的火车票不好买，我们应该怎么出去，天气突然发生变化怎么办，妈妈万一有事去不了怎么办？要知道计划赶不上变化，你需要自己考虑到这些。"儿子听完我的话，想了一会儿说："妈妈，我待会儿上网查一下去云南可以选择哪些交通工具，然后准备好应对天气突变的物品，你到时候可以借给我一部手机吗，万一我们走散了，可以互相联系。如果你真有什么事情去不了，我就去和小胖他们参加少年宫暑期活动，我问过了，到时候直接报名就可以了。”没想到儿子已经想得这么周到，我欣慰极了。

所以，妈妈要让男孩明白计划赶不上变化的道理，让他对突发状况有一个心理准备。另外，妈妈平时应多教儿子一些应对突发状况的技巧。比如，告诉他如果放学后突然下大雨，此时应该找一处地方避雨，或者跟同学借下雨具，或打车回家；放学回家如果发现门锁着，可以给家人打电话，或者去邻居家等一下……

方法二：与男孩一起分析突发事件

一天放学后，华睿在路上遇到了几个大男孩，大男孩拿着一个冰激凌走过来，对华睿说：“我给你吃冰激凌，你请我们去你家玩儿好不好？”

华睿看了看大男孩手中的冰激凌，摇了摇头，这时另一个大男孩递过来一个变形金刚，那是华睿一直想买的玩具，华睿高兴地拿过来摆弄了一会儿，这时，刚才的大男孩又说：“这个也给你玩儿，你请我们去你家玩儿好不好？”

华睿又摇了摇头，这个时候，其中一个大男孩突然抢过变形金刚，朝着华睿吼道：“不玩儿也得带我们去，走！”

华睿站在原地没有走，想了一会儿，他记得妈妈说过，这样的人很可能是坏人，那他们一定怕人多，所以就说：“今天不行，我妈妈今天生日，家里有很多人，我叔叔们都在家，那么多人，我不好带你们回家玩儿，明天吧，好吗？明天我爸爸妈妈都出差，你给我变形金刚，我明天带你们去。”

大男孩听了华睿的话，点点头，说明天在这儿等。

回家后，华睿就把今天的事情告诉了妈妈，妈妈一听就觉得那群男孩肯定是居心不轨，随即报了警。果然，第二天，警察在男孩们与华睿约好的地方，将他们抓获，原来这群男孩都是社会青年，而且已经连续利用这种方法入室抢劫多次了。

华睿真的是一个很聪明、懂得随机应变的男孩，当然这与妈妈平时对他的教育是分不开的。因此，为了提高男孩应对突发状况的能力，妈妈平时应尽可能地将可能出现的状况告诉儿子。例如，不要和陌生人一起出去玩儿；不要随便吃别人给的东西；不要把钥匙拿在手上，以免丢了；不要随便把自家的电话号码、住址等告诉陌生人……另外，妈妈在告诉儿子这些注意事项的同时，还应与他一起分析这样做的原因，以便和培养男孩的生活自理能力、增强男孩的自我防范意识等内容结合起来进行。

5. 时间管理，在一定程度上决定了男孩的人生高度

暑假一天下午，爸爸妈妈有事出去，让飞飞自己在家做完作业再玩儿。傍晚，妈妈回来打开门一看，先是大吃一惊，继而怒气冲冲，忍不住对飞飞发起火来。原来，爸爸妈妈一出门，飞飞就开始“孙悟空大闹天宫”，家里被他搞得一团糟：作业本散落在桌上；书柜里的书扔得到处都是；拖把歪在床边；所有的桌椅都涂上了各种颜色……

飞飞的爸爸妈妈意识到了问题的严重性。晚上，针对这种情况，他们做了各种分析，觉得飞飞虽有一些创意，但缺点更明显：他不具备管理自己的能力，更没有时间观念。爸爸妈妈决定在以后的生活中要给飞飞补上这重要的一课。

很多人之所以成功，就是因为他们能有效利用时间，善于规划自己的人生。从小让男孩珍惜时间、懂得规划自己的生活，将来他才会拥有幸福的人生。

方法一：让男孩养成良好的作息习惯

一般来说，孩子对于时间的认识来自父母的教育。父母要从小让孩子作息规律，给孩子制订一个作息时间表：几点起床、什么时间吃早餐、放学回来先做什么后做什么、几点洗漱、几点睡觉等。让男孩由最初依赖于你的督促，慢慢养成自觉的习惯。

小山的家里来了客人，小山一家人很高兴，爸爸妈妈和姑妈聊得高兴，小山和表哥也玩儿得很开心，因此小山比平时晚睡了一小时。第二天，睡得迷迷糊糊的小山被妈妈叫醒，他怎么也不愿起来，在被窝就和妈妈讲条件："我困啊，让我再睡一会儿。"直到爸爸进来，小山才不情愿地开始穿衣服。

有时一些偶发事件可能会导致孩子晚睡，这时也不要让男孩打破作息规律，否则会影响第二天的作息或计划。

长期坚持良好的作息习惯，男孩慢慢也就有了一定的时间观念，知道什么时候该干什么，他就不会因为无所事事而把家里搞得一团糟了。

方法二：让男孩来支配自己的时间

天气很热，峻逸踢完球回到了家。他先倒上一杯开水凉着，然后就去洗澡。在洗澡间，他就把脱下来的衣服用洗衣液泡上，冲澡的同时，他就顺手把衣服也洗出来了，澡洗好了，衣服也洗好了。晒好衣服，他就开始休息，这时水温正适宜喝。

时间是挤出来的，要让男孩学习关于统筹利用时间的方法，这需要爸爸妈妈长期的影响和教育。善于利用时间，也是男孩管理能力的一种体现。男孩要在有限的时间内把要做的事情有条理地做完，就让他来支配自己的时间。

方法三：让男孩试着规划自己的生活

男孩的规划意识也要从小树立。妈妈要抓住一切机会，让他动脑子去参与规划。比如，周末全家有个去公园玩儿的计划，可以让他来做时间分配，什么时间去、在公园玩儿几小时、几点回来等，让他把一天的时间都安排好。当然妈妈要根据情况适时地给予指导。男孩还可以自己整理书架，科技类、自然类、历史类、童话类的书如何放，让他自己动脑、动手。另外，让男孩来规划自己的零花钱，比如让他有个目标，存够目标钱数后，在家长的引导下做些有意义的事情。男孩有了规划意识，习惯成自然，他就会未雨绸缪，胸怀更宽，视野更广，生活和工作更有条理。

6.自律是男孩成功的基石

也许我们常常羡慕这样一些妈妈：也没有见她们怎么管教孩子，她们的孩子却非常懂事，每天早上自己按时起床，放学后不用妈妈催促就能把作业工工整整地做完。至于孩子的房间以及各种物品，更是收拾得干干净净、整整齐齐，根本不用妈妈费心。这是为什么呢？

下面是一个妈妈的教子感言，我们读完后说不定会有所启示。

我儿子的自控力非常差，每天放学第一件事就是看动画片，要是没有我和老公的催促，他连作业都写不完。每天晚上，我和老公都会催促他四五次，这让我们不胜其烦。

有一天晚上，我对正在看动画片的儿子说：“妈妈以后不再提醒你写作业了，妈妈相信你自己就能把作业写好。”没想到我的话起到了神奇的作用，1天、5天、10天、1个月……儿子不用我们提醒就能把作业写好了。

有了以上的经验，我和老公再也不做儿子的“拐杖”了，而是把自主权还给了他。自从我们开始培养儿子的自我管理能力后，他不仅把自己管理得井井有条，而且取得了不小的进步。

自律能力是一种非常优秀的能力，它能够让男孩照顾、管理好自己，让妈妈不再为他的学习和生活担心。尤其在男孩走入社会后，如果他不具备自我管理能力，处处都依靠别人的提醒、帮助，最后只能被社会所淘汰。所以，我们应该从小就着重培养儿子的自律能力，为他以后的成功打下坚实的基础。

方法一：妈妈适当地放手

现在的男孩自我管理能力差，最大的原因就是妈妈不放手。妈妈总是担心男孩不会照顾、管理自己，所以总是提醒、帮助他，甚至本该由孩子做的事情妈妈也一手操办。妈妈要想让儿子成长得更优秀、独立，就应该适当地放手，从小培养男孩的自我管理能力。

方法二：在生活中引导儿子学会自我管理

男孩的自律能力是在生活中慢慢形成的。我们在培养男孩自律能力的时候，可以从生活中的一些小事着手：如果是小一点儿的男孩，就让他学着穿衣、吃饭、洗手、洗脸；如果是大一点儿的男孩，就让他学着打扫自己的房间、整理自己的玩具、独立完成作业、按时起床、上学等。当男孩取得一定进步的时候，我们要对他提出表扬，这样可以激发他自我管理的兴趣，慢慢地由“要我做”变成“我要做”。当男孩能够独立地解决生活中的小问题时，他的自我管理能力也会得到很大的提高。

7. 好口才是男孩成功的利器

古人说过：“一言之辩，重于九鼎之宝；三寸之舌，强于百万之师。” 这句话是十分有道理的。

随着社会的发展，人与人之间的交往日趋频繁，口才的重要作用也渐渐凸显出来。有位著名的演讲教练说过：“每个人都有一张嘴巴，嘴巴有两个功能，一是吃饭，二是说话。但是要想吃好饭，先要说好话！”这句话是非常有道理的，这是一个充满竞争的社会，一个人即使有过硬的专业技能，但如果没有口才，也很难把自己推销出去。而那些口才好的人，不仅更容易找到伯乐，也更容易拥有良好的人际关系，从而取得更大的成功。

对于男孩来说，培养他的口才是非常必要的。一个妈妈曾经带着懊悔的心情说出了下面的话：

我儿子是一个内向的人，不喜欢说话，更没有什么口才。他读的是重点大学，学识非常好，但因为没有口才，那些学习成绩不如他的同学都找到了工作，他却找不到。后来他总算找到了一家小公司，但因为口才不好，他总是得不到重用，一直停留在最基层的位置上，而和他一起来公司的5个人，已经有3个晋升到管理层了。现在我真后悔，早知道这样，在儿子小时候我就应该好好培养一下他的口才。

从上面这个事例可以看出，口才也是一种竞争力，对一个人的求职、晋升有很大的帮助。所以，我们要想让男孩在将来能够立足于社会，就要在他小时候培养他的口才，让他具备良好的表达能力。

简单地说，口才包括说话，此外还包括很多方法和技巧，所以需要重点培养。

方法一：培养男孩的表达能力

要想培养孩子的好口才，首先就要培养他的表达能力，因为表达能力是口才中最基础的部分。所以，我们在孩子小时候就要培养他的表达能力，为他具备好口才打下坚实的基础。在培养男孩的表达能力方面，妈妈可以教他朗诵儿歌、背诵绕口令，这些能够让他吐字清晰、语言流畅。另外，妈妈还可以让他复述故事或者电影、电视剧的情节，这些有利于培养他的语言逻辑性，让他说话有条理。

方法二：锻炼孩子当众说话的胆量

霈泽12岁了，是一个能说会道的小男孩。在前些天，他还在学校的演讲比赛上获了一等奖。这和霈泽妈妈的教育是分不开的。在霈泽小时候，每当有亲朋好友来家里做客时，妈妈都会对霈泽说：“叔叔阿姨最喜欢你了，你昨天不是学会了一首唐诗吗，快给叔叔阿姨背诵一下。”等霈泽长大一些，妈妈还带他参加了一些电视节目。霈泽见识了这些“大场面”，遇到其他场合自然就不会紧张了。

一个口才好的人，在任何场合都能把话说得圆圆满满。有很多小男孩吐字清晰，表达能力也很强，但是一到公共场合就紧张得说不出话来。所以，我们要想让儿子拥有出色的口才，锻炼他当众说话的胆量也是一项很重要的内容。

方法三：让孩子多读书

培养孩子的好口才，还要鼓励他多读书。因为良好的口才和渊博的知识是紧密相连的，一个知识丰富的人，说出来的话自然有文采，也更具有感染力。

第十一章

打造超级学习力，让男孩更有竞争力

1. 兴趣是男孩最好的老师

在男孩的世界中，对于他所感兴趣的事物，他会调动一切热情来享受这些事物带给自己的快乐。因此，如果他对学习也有这样一种兴趣，往往也会很专注，很有热情。

爱因斯坦说过："对一切人来说，只有兴趣才是最好的老师。"世界上很多取得巨大成功的人，都是从自己的兴趣开始的。有了兴趣，才能点燃人们的热情。

妈妈如何才能点燃男孩的热情，让他爱上学习，并以此为乐呢?

方法一：给男孩创造一个良好的环境

让男孩感觉学习不是一种负担，而是一件快乐而有趣的事情，首先就得为他创造一个良好的环境，不去过多地管束他，而是多创造引发他兴趣的机会。要知道，家庭环境的耳濡目染，对男孩的影响是巨大的。

法国作家大仲马，一生创作成果丰硕，留下了多篇传世经典之作，更为世界文化写下了浓重的一笔。而他最得意的一句话就是："我最得意的作品就是小仲马。"大仲马热爱写作，小仲马受其影响，也对写作产生了浓厚的兴趣，他的第一部小说《茶花女》一经问世，法国文坛一致认为，这部作品的价值已超越了大仲马的代表作《基督山伯爵》。小仲马一时声名鹊起，成了家人最大的骄傲。

可见，在家庭中营造一个良好的环境，不去限制男孩的热情和兴趣，对男孩的成长非常重要。所以，妈妈要与男孩多交流，寻找他的兴趣点，多鼓励他发展自己的兴趣。

快走，快走！那些破蚂蚁有什么好看的！
妈妈，你看蚂蚁的力气好大呀！
是呀！你想知道蚂蚁是怎样生活的吗？妈妈回家给你好好讲讲。
妈妈，你看蚂蚁的力气好大呀！

方法二：培养男孩的竞争意识

男孩争强好胜，如果这个特点能用在学习中，那么妈妈就省心多了。因为男孩一旦具备了竞争意识，往往不用妈妈督促，就能自觉地学习，并在学习中探索。

方法三：让男孩有明确的学习目标

在男孩每个不同阶段的学习中，都应让他有个明确而切实可行的目标。这样，他才能付出具体的努力去实现。比如，这个学期考了全班第十名，下次的目标是第七名。那么男孩就会努力缩短差距。而在平时的学习中，作业写得工整、不出错误，读点儿课外书等，都是一些可行的小目标，孩子完全可以达到。

方法四：把男孩的兴趣转化为学习动力

聪聪从小喜欢小动物，小到蚂蚁、蝴蝶，大到猫、狗，他看到了就走不动。每当这时，妈妈也不催他，就让他自己观察。小蚂蚁有几条腿、怎么爬行，哪种颜色的小猫最可爱，什么样的小狗最帅等，聪聪都有一套自己的理论。每次回到家，妈妈总让他将所观察到的不同小动物的特征记录下来。由于聪聪的这个好习惯，他的作文成绩特别好，经常被老师夸奖写得生动、形象，有生活感。现在，他不但喜欢上了自然课， 还因此喜欢上了语文课。

男孩小时候由于心智还不完全成熟，学习态度很多时候还是受其兴趣的影响，妈妈要善于抓住机会，把他的兴趣转化为学习的动力。

2. 方法决定效率

杰希上初中三年级，是一个学习成绩非常优秀的学生。一到初三，很多学生都昏天黑地地学习，甚至连周末也不出去玩儿了。但是杰希却非常轻松，不仅每天都要打1小时的篮球，到了周末还和朋友们一起去踢球。尽管如此，他的成绩仍在班里数一数二。很多同学都不解地问他：“我们的学习时间比你长多了，为什么你的学习效果要比我们好这么多啊？”杰希说：“我比较讲究学习方法，所以我能在短时间内掌握更多的知识，方法出效率嘛！”

的确如此，运用好的学习方法，不仅能够节省时间，而且能够更深刻地理解和掌握所学的知识。

在把好的学习方法介绍给孩子时，我们一定要考虑一下孩子的实际情况，以及这些方法是否适合他。

下面，为大家介绍三种常见的、高效的学习方法，你可以根据孩子的实际情况把这些方法介绍给他。

方法一：让男孩劳逸结合

对于大多数男孩来说，如果让他们在板凳上规规矩矩地坐上两小时简直是在惩罚他们。所以我们应该让男孩劳逸结合，这样，他们的学习效果会更好。

一个妈妈这样谈到自己的教子经验：

我儿子上小学六年级，因为他马上就要升初中了，为了提高他的成绩，我给他买了大量习题，让他一本接一本地做。但是儿子的成绩不仅没提高，还养成了拖拖拉拉的坏毛病。后来我想出了其中的原因：儿子知道写完一道题还会有另一道，就不着急了，故意慢慢腾腾地写。另外，儿子在做这些习题的时候充满了抵触情绪，自然不会动脑筋。明白了这一点之后，我不再强迫儿子做习题了，只要求他把老师布置的作业做完。同时，当儿子写作业时间过长的时候，我还会让他到外面走一走，散散心，等恢复了精力再写。通过这样的方式，儿子学习的积极性提高了，成绩也提高了很多。

方法二：让男孩学会复习

有些男孩在课下不肯下功夫，只听老师课上讲的那些内容。这样做是不对的。小学至初中前半段，知识点虽然浅显但是较为繁杂，所以妈妈应该让儿子学会复习，以便更好地理解和掌握相关知识。

方法三：让男孩学会将目标细化、分解

一明上小学三年级。一天放学回家，他心情很不好地对妈妈说："英语老师留的作业太多了，他今天让我们必须背会10个单词，这么多单词，哪能一下子背得会啊！"妈妈笑着说："妈妈给你想个好办法，你想不想听听？"一明点了点头。妈妈说："一会儿你先背3个单词，等背会了就看动画片；动画片看完了再背3个，然后咱们一起吃饭；等吃完饭，你再把最后的4个背会，让妈妈考你一下。"一明按照妈妈说的去做，果然轻轻松松地把10个单词都背会了，等第二天老师测验检查，一明全部写对了。

孩子的年龄小，当学习任务较为繁重的时候，他很容易产生烦躁、厌学的情绪。这时，妈妈应该教会他把学习任务进行细化、分解，然后再逐一攻破。这样，孩子就不会有太大的心理压力，并且在完成每个小任务时还会获得成就感，从而轻轻松松地完成那些繁重的学习任务。

3. 拿高分有技巧

谈到如何提高男孩的学习成绩，妈妈往往采取学习任务加码、花钱送孩子上培训班，或者请家教等方法，可是并没有达到提高孩子成绩的效果。问题究竟出在何处?

事例一：

周周的学习成绩一直在班级的后几名徘徊，尽管他一直想提高自己的成绩，但无论如何努力都不见成效。他对自己彻底绝望了，从此做什么事情都提不起精神来。

事例二：

小丁的学习成绩原本在班里是中等偏上，但进入高中后，他多次考试都不理想，成绩明显退步。班主任和任课老师反映，小丁平时学业表现得不差，能及时地完成作业、回答老师问题，但他考试时有时会发挥失常，即使是会的题也被他答错。

……

不管男孩考得好与坏，在面对成绩时，妈妈首先应该帮助男孩分析一下得与失。如果他拿了高分，固然应该高兴，但若考得不好，我们也不应该大声训斥和批评孩子，而应帮助他分析一下考试失败的原因，以及如何才能掌握学习的技巧等。

帮助男孩提高学习成绩，就要让他把获得新的知识当成一种需要。妈妈在教育、引导孩子的方法上，一定要讲究技巧，千万不要过多地催促、监督，否则会让孩子感到厌烦。

方法一：考试前，帮男孩保持轻松的心情

在考前复习时，妈妈要引导男孩注意劳逸结合，更重要的是，一定要让他保持轻松愉快的心情。

小剑再过一阵子就要中考了，为此他很紧张，饭吃得也少了，晚上翻来覆去很难入睡。一天，细心的妈妈觉察出了儿子的心事，于是第二天一早，妈妈就来到小剑的房间里，让正在晨读的儿子陪自己出去打篮球。开始小剑不同意，他想抓紧一切时间复习，但拗不过妈妈，只好一起出去玩儿。到了晚上，时针指向10点时，妈妈便来督促正在复习的儿子早睡。小剑有些不乐意了，说："妈妈，本来我对自己就没信心，您怎么还总不让我学呀？"妈妈神秘一笑，说："懂得劳逸结合的人才能学习好，儿子，听妈妈的，该玩儿时就玩儿，该学习时就学习，没错！"

于是，小剑按照妈妈制订的方式，边学习边娱乐。在全校最后一次模拟考试中，他的成绩真的提高了十几名。

在考试之前，无论男孩平时学习成绩是好还是坏，都会产生一定的紧张情绪。这时，妈妈应该想方设法让他的情绪稳定下来。比如事例中的小剑的妈妈，就采用了打篮球、早睡的方法，减轻了孩子的压力。孩子每天精力充沛、情绪饱满，应对考试时才会得心应手。

方法二：让男孩在考试中减少不必要的失误

有这样一个值得妈妈深思的事例：

小鹏平时成绩不错，被老师和妈妈寄予了厚望。但在中考的语文考试时，他却出现了重大失误。原来，他平时习惯将考试答案写在试题上，考试时，他依然采取这样的方式答题，直到考试结束前5分钟，他才想起自己没有把答案誊在答题卡上。于是，他慌里慌张地填涂答案，却不小心涂错了……就这样，平时语文成绩很优秀的小鹏，却得到一个很低的分数。

事例中的情况在粗心的男孩中很常见。因此，妈妈要想让男孩在考试中取得成功，就一定要让他细心起来，减少考试中的各种失误。

具体来说，要做到以下四点：

第一，准考证、各种文具等要带齐，否则会带来不必要的麻烦。

第二，牢记考试时间和科目。

第三，答题时看清题意及要求。

第四，做完复查，不提前交卷。教孩子在答题后仔细检查试卷，纠正因自己粗心带来的失误。

方法三：教男孩掌握一些考试小技巧

提高学习成绩是一个长期的过程，妈妈除了在平时多鼓励孩子外，还应该教他掌握一些考试小技巧：

第一，合理分配时间。男孩应该明确每道题大致需要多少时间，不可以把时间全花费在一两道题上，出现顾此失彼的现象。

第二，认真审题。在答题前应认真审题，抓住题目中的关键句、关键词、关键字，排除次要的、多余的干扰因素。

第三，懂得取舍。每次考试都有少数难题，如果答不上，应教男孩放弃这类题目，把时间用在解答基础题上。

第四，心理暗示。一位心理学家经常要求他的学生在考试前，在心里默诵五遍："我有足够的信心和能力，我一定会赢得这次考试。"这样的默念犹如吃了"定心丸"，男孩会信心倍增，解答试题时也会得心应手、轻松自如。

当男孩掌握了这些考试技巧，失误少了，才能取得优异的成绩。

4. 良好的阅读能促进男孩智力的发展

苏联教育家苏霍姆林斯基说过："30年的教育经验使我深信，学生的智力发展取决于良好的阅读。"

很多妈妈却忽视了孩子的阅读需求，让他做不同的练习，上不同的补习班，只考虑孩子考试成绩的好坏。

大量的阅读，可以丰富孩子的思想，使他获得一生用之不尽的财富，确立正确的人生观、世界观。由于男孩还在成长期，还需要妈妈给予一定的指导。所以，妈妈要为培养男孩的阅读能力创造条件。

方法一：营造读书的家庭氛围

俗话说"近朱者赤，近墨者黑"，什么样的环境就容易培养出什么样的人。因此，家庭环境对男孩的影响是非常大的。如果父母热爱阅读，家里有一个良好的学习氛围，那么男孩就会受影响爱上阅读。

方法二：每天给男孩固定的阅读时间

读书是一个获取知识的重要渠道，男孩还处于贪玩儿时期，耐心不够，做事情很难坚持。这时，妈妈要从多方面帮助儿子培养他的阅读习惯，从小给他独立的阅读时间。比如，每天晚饭后半小时，或者早上起来二十分钟，在这个时间内他进行自主阅读。这样日积月累，他所积累的精神财富会为他奠定深厚的基础，对他今后的学习和工作都会有很大的推动作用。

方法三：根据男孩的兴趣选择适合的书

冉冉喜欢自然科学方面的书籍，尤其是对机器人等方面的内

你怎么每天就知道看电视，我给你买了那么多课外书，你怎么不读呢？
别吵了，我就不喜欢看！真烦！
儿子，你在看这个节目呀！其实，妈妈给你买的书里也有动物的知识，而且很有趣呢！
真的吗？妈妈，帮我找出来，我要看！

容特别感兴趣。如果是他买书，大部分是买这方面的。妈妈很想让他的阅读面更广一些。于是，就给他买了《上下五千年》等好几本大部头的书，并苦口婆心地让他有空看看这些书。可冉冉只是翻了翻，再也没有动过就放在了书橱里。任凭妈妈如何说，他还是提不起兴趣来，依然抱着他的书，看得津津有味。妈妈干着急没办法。

男孩有自己的独立思想和个性。同样，对读书，他也有自己的喜好和选择。而妈妈引导孩子阅读，也要顺应孩子的喜好。在此基础上，予以指导，而不要想当然地认为他读的书没用，就禁止他读。或者认为一些书对他有好处，就强行让他阅读。被动的、强制的阅读，只会让他产生逆反心理，进而丧失阅读兴趣。

5. 超级记忆力养成计划

记忆力对孩子的学习效果有很大影响。一个人的记忆潜力是很大的。美国相关专家有一个研究数据表明，一个人大脑所能存储的知识相当于美国国会图书馆藏书量的50倍。

在巴菲特很小的时候，他就对数字非常感兴趣，并表现出了超常的数字记忆能力。这与他的一些习惯和爱好有很大关系。那时候，他比较热衷于与数字有关的活动，比如经常带着小伙伴一起在街口记录来来往往的汽车牌照号码。有时，车过去半小时再问他，某辆车是什么颜色什么牌照，他都对得上号；他和伙伴们还重复地玩一种有意思的游戏：当他的小伙伴随便从一本大书读出一大堆的城市名称，巴菲特毫不犹豫地一一报出相应城市的人口数量和其他信息。

当今望子成龙的妈妈期望孩子有超强的记忆力，以便取得更好的学习成绩。但是培养和提高男孩的记忆力，并非一朝一夕的事，需要妈妈平时的耐心培养。那么，妈妈应该怎样提高男孩的记忆力呢？

方法一：理解是记忆的基础

方方的记忆力很好，他会背好多古诗。一个周末，妈妈的朋友小月阿姨带着儿子友晨来家里玩儿。小月阿姨说："我们家友晨会背《三字经》呢。"于是她就让友晨当场背起来了，"人之初，性本善。性相近，习相远……"刚背到这儿，友晨怎么也想不起来了，急得满头大汗。这时方方接过来继续背起来："教之道，贵以专。昔孟母，择邻处。子不学，断机杼。"方方流畅地背起来。小月阿姨惊奇得不得了，于是问方方妈妈："你家儿子记忆力怎么这么好啊？"

方方妈妈笑了："让孩子背东西之前，我都让他先理解内容。"

"古文、古诗等，他理解得了吗？"友晨妈妈用怀疑的目光看着方方又问道："'子不学，断机杼'，是什么意思？""孟子很贪玩儿，有一次，他回到家中，孟母生气地问他为什么还没放学就回来。孟子不敢说话。母亲就生气地把织布机上的梭子折断了，说：'梭子断了，布就不能织了，学习也一样，日积月累，积少成多，才能获得成功。'孟子很惭愧，就开始努力读书。"方方讲得头头是道。友晨妈妈这才明白，原来方方超强的记忆力是源于他对自己所记内容的理解。

仅仅靠死记硬背，即便孩子当时能背得下来，也会很快忘记。只有当他理解了所记的内容之后，才会牢固地记住。因此，对一些历史、古诗文，甚至数学公式的记忆，妈妈要让男孩先去理解，再记忆，这样的效果就会好得多。

方法二：反复练习是记忆的关键

丁丁每天放学回来，妈妈都会和他聊上一会儿，听他叙述一遍当天的学习生活情况。上了什么课，发生了什么事，新学的什么课文、数学新公式等，妈妈听得兴趣盎然，还不时地问上几句，丁丁讲得更带劲儿了。原来聪明的丁丁妈妈是在与儿子平常的交流中，有意识地帮助他巩固当天学习的重点内容。

很多时候，记忆的内容需要反复强化。就像学生在学校里考试，也是一种记忆的练习，从不同的角度强化了记忆。所以，妈妈要帮助男孩多练习，让他熟记。

方法三：培养注意力有利于增强记忆力

很多男孩看起来学习很用功，但成绩就是上不去，让父母和老师都很无奈。其实，如果男孩的注意力不集中，那么，他的接受能力就会受限，不能理解学习的内容，更不利于记忆。所以，培养男孩的注意力，有利于增强他的记忆力。

方法四：视听并用，强化孩子的记忆

晗晗喜欢英语，妈妈给他买了一些在线的英语视频课程。每天放学后，写完作业，他都要看上半小时英语视频课程，边看边跟着读啊唱啊，轻轻松松地就学习了许多英语知识。

在单纯的说教中，男孩容易产生疲劳，所以，妈妈可以采取视听并用的方式增强男孩的记忆力。

第十二章

全面提升男孩的思维能力

1. 学会思考比获得知识更重要

父母可以给儿子生命，可以替他打点好衣食住行，为他找最好的学校，但却不能代替他思考。

作为儿子最早的启蒙老师，父母却可以帮助儿子锻炼思维，让他拥有更出色、缜密的思维能力，善于思考的男孩更易成功，也更能掌握自己的命运。

以下给父母提供的这些方法对培养男孩灵活、敏捷的思维能力，以及开发他的智力都有一定的效果。

方法一：要多问儿子“为什么”

提问是培养男孩思维能力的起点，如果男孩经常面对各种问题，大脑的思维就会比较活跃。因此，父母若想提高儿子的思维能力，就应该多问他“为什么”。

聪健的妈妈是从事教育工作的，所以，从小她就很注重培养聪健的思维能力，经常会问他一些问题，聪健也很喜欢回答妈妈的问题。

看到公益广告说大家要保护树木、防止全球变暖时，妈妈会问聪健保护树木与防止全球变暖有什么关系。为了回答妈妈的问题，聪健就会上网查询资料，然后再把自己整理出来的答案告诉妈妈。每当这个时候，妈妈都会赞许地看着儿子，并且从不吝啬表扬儿子，久而久之，聪健在妈妈的问题中找到了自己的兴趣，并且爱上了回答问题。就这样，聪健养成了独立思考的能力。遇到问题的时候，他从不会直接向父母、老师要答案，而是自己去查阅图书或者上网找资料。

良好的思维能力让聪健在各方面表现都很突出，最近，他还在全省少年辩论大赛中获得了“十佳辩手”的称号。

由此可见，思维能力对男孩来说非常重要。著名剧作家萧伯纳说：“难得有人一年会思考两三次以上，我则因一星期思考一两次而驰名国际文坛。”所以，要提高儿子的思维能力，妈妈就要善于对儿子提出问题，然后引导他去自己寻找答案，这样他才会获得更多的知识。

方法二：引导儿子学会独立思考

爱因斯坦说过：“学会独立思考和独立判断比获得知识更重要。不下决心培养思考习惯的人，便失去了生活的最大乐趣。发展独立思考和独立判断的一般能力，应当始终放在首位，而不应当把获得专业知识放在首位。”

明明是一名五年级的小学生，他特别喜欢解答数学难题。有一天晚上，老师布置的家庭作业里有一道非常难的数学题，他思考了半个多小时都没有解答出来。妈妈走过来问他：“明明，你怎么还没写完作业？该睡觉了。”明明说：“有一道数学应用题很难，不过很有意思。”妈妈看了一眼题目说：“我来帮你吧？”明明马上拒绝说：“不用，我再想一会儿。”半小时后，明明终于把这道题解答了出来，然后带着满足的笑意进入了梦乡。

在实际教育的过程中，当孩子遇到疑难问题时，我们不要有问必答，要锻炼孩子独立思考的能力。

2.逆向思维让男孩更聪明

所谓逆向思维，又称求异思维，它是对司空见惯的事物或观点反过来思考的一种思维方式。

对于孩子来说，逆向思维有以下四点益处：

第一，在孩子的日常生活中，常规思维很难解决的问题有时候可以通过逆向思维轻松解决。

第二，逆向思维会使孩子学会独辟蹊径，在别人没有注意到的地方有所发现，进而出奇制胜。

第三，逆向思维能让孩子在多种解决问题的方法中找到最佳方法。

第四，如果孩子能自觉运用逆向思维，就能将复杂问题简单化，从而极大地提高办事效率。

那么，父母应该如何培养儿子的逆向思维呢？

方法一：训练儿子的逆向思维从游戏开始

“远远，爸爸和你玩一个游戏，好不好？”玩积木玩累了的儿子一听爸爸要和自己玩新游戏，顿时来了兴致，马上说：“好呀，好呀，爸爸来玩儿！”成功引起儿子的注意之后，爸爸接着说：“我当‘将军’，你当‘士兵’，只要我一发命令，你就照我的命令去做相反的动作，比如我说‘向左转’，你就向右转，行不行？”

4岁的远远看起来并不想当士兵，他马上提出异议：“不，我要当‘将军’，爸爸要听我的命令！”

爸爸没有马上拒绝儿子，而是继续语气温和地说：“儿子，这样吧，等到爸爸教会你怎么玩儿，你再当‘将军’好不好？”僵持了一会儿，儿子最终勉强答应了。于是“将军”与“士兵”的游戏开始了。

爸爸看着站在眼前的儿子，一声令下：“举左手！”远远真的举起了左手。爸爸马上笑着说：“远远，游戏规则是做相反的动作，与左手相反的是什么？”

“是右手。”

“对了，你应该马上举起右手！”远远觉得这个游戏很有趣，激起了他继续挑战的热情。

就这样，爸爸和远远在欢声笑语中做着“将军”与“士兵”的游戏，而远远在整个游戏过程中不但精力集中，而且锻炼了他的反应能力，做对的次数越来越多。

这个聪明的爸爸和儿子做的“将军”与“士兵”的相反动作的游戏，正是典型的逆向思维游戏。假如他只是让儿子按照命令执行任务，那么只是锻炼了孩子思维的敏捷性和反应的快慢，但如果像上面这样按照相反的动作来做，就提高了游戏的难度，而且极大地锻炼了孩子的逆向思维能力。这样他在思考问题的时候，就会想到更多的可能性，创造出很多意想不到的结果。

方法二：教给儿子三大逆向思维法

在这里，为父母提供三种逆向思维法，为培养男孩的逆向思维提供帮助。

第一，反转型逆向思维法，即从已知事物的相反方向进行思考，产生发明构思的途径。

第二，转换型逆向思维法，即在研究一个问题时，由于解决问题的手段受阻，而转换成另一种手段或转换思考角度，以使问题顺利解决。

第三，缺点逆用思维法，即利用事物的缺点，将缺点变为可利用的东西，化被动为主动，化不利为有利的思维方法。

3. 自省是优秀男孩必备的素质

有位名人说过："能够反躬自省的人，就一定不是庸俗的人。"没错，自省意味着站在自身之外，审视那些业已发生的事情，并提出"为什么""怎么样"以及"如果……会……"之类的疑问。自省需要男孩重温过往经历，和自身进行无言的对话，以理解这些经历及其相互之间的关联。更重要的是，自省可以使男孩更好地认识和了解自己，有助于男孩理解自己的生活。

但是，自省并非一件容易的事情，尤其是对于未成年的男孩来说，让他学会自省更需要妈妈的影响与指导。

下面这个妈妈就做得非常好：

我发现儿子做错事时，总是责怪别人，于是我想让儿子学会自省。

有一次，儿子周六要参加学校举办的英文比赛。平时，儿子的英语成绩非常好，而且口语能力很强，这个比赛取胜的可能性很大。

周五晚上，儿子像平常一样，放学回家后就去跟同学踢球了，然后看电视、读课外书一直到快12点才睡。平常周六，他都要睡到9点多才起床。这天我硬着心肠不叫他，结果，儿子果然9点才睡醒，等儿子赶到学校的时候，考试已经开始了。由于儿子迟到了，考试成绩可想而知。儿子回家后非常沮丧，责怪我没有叫他早点儿起床，使他在这次考试中失败了。

我却说："儿子，你明明知道周六要去参赛，为什么不早睡？

妈妈周六要去加班的时候，有没有要求你来叫醒我？你总习惯别人提醒你做事。但是，别人是不可能一辈子提醒你的，你要学会自己提醒自己，做错事后进行自省！”

从此以后，儿子慢慢地学会了自省，自我管理能力也提高了。

明智的妈妈不会替儿子承担做错事的后果，而是让儿子自己来承担，并且学会自省，以便警诫自己下次不要犯同样的错误。

此外，妈妈还可以采取下列方法来引导男孩学会自省。

方法一：妈妈以身作则，敢于认错反省

妈妈敢于向儿子认错，认真地反省自己的行为，会给儿子树立良好的榜样，培养儿子的自省能力。

有一个妈妈是这样做的：

我儿子上初二，他是学校篮球队的队员。有一次，学校篮球队因为备战市内的校际联赛而延长了训练时间。我不知道事情的原委，在家里等得非常着急，正要出门寻找时，儿子回来了。

我上前对儿子就是一顿指责，儿子也很生气，他大声说道：“训练延长时间了，我一训练完就回来了。”误会了儿子的我立即向他道歉，说：“儿子，对不起。妈妈不该不分青红皂白地指责你。”儿子大手一挥，跟我开了个玩笑：“你儿子我是宽宏大量的，原谅你啦。”

妈妈做错了事情要敢于承认，及时进行自我反省，这样才能积极地影响男孩。例如，妈妈误会儿子了，不要试图在儿子面前蒙混过关，而应该开诚布公地向儿子道歉。

方法二：引导男孩预见事物的后果

有一个妈妈的教育经验是这样的：

有一天，儿子在商店看中一双鞋，非吵着要我买下来。那是一

双木头做的鞋子，并不适合儿子穿，可儿子哭闹着执意要买。我想了想说：“妈妈可以答应给你买这双鞋子，但是，你要保证买了以后你必须穿，否则我就不给你买。”儿子想着可以买到自己心爱的鞋子，高兴地答应了。谁知，鞋子买回来后，儿子才发现穿起来会很响，而且很不舒服，长时间穿还会很累。这时，儿子才意识到我不让他买这双鞋子的原因。于是我对他说：“儿子，妈妈不会强迫你去穿这双鞋子，但是你要学会反省自己……”后来，儿子把这双鞋子挂在自己能看得到的地方，说是给自己一个警示。

男孩常常表现得很冲动，甚至根本不考虑后果，所以，妈妈要适当指导儿子，让他预见事物的后果，少走弯路。

4. 培养男孩善于提问的习惯

孔子说过：“三人行，必有我师焉。”孔子也深知“敏而好学，不耻下问”对人的重要性。俗话说：“问是学之师、知之母。”因此，妈妈必须好好培养男孩虚心好问的好习惯，让他学会不懂就问，更要引导他学会思考问题、分析问题和解决问题。

可能很多家长都有这种感觉：儿子怎么一遇到发言、提问的事情，就一个劲儿地往后躲呢？其实，造成男孩不爱发问的根源往往在家长那里，很多时候爱发问的小男孩如果向家长提出的问题很多，而且问题五花八门、无奇不有时，家长就会感到厌烦或者随意敷衍孩子的问题。可想而知，时间长了，再爱提问题的孩子也会被家长打击得沉默寡言、不爱思考了。

那么，家长应该怎样培养男孩善于提问的习惯呢？

方法一：让男孩学会带着问号看世界

“是先有鸡还是先有蛋呢？”当儿子一脸迷惑地向你提出这种问题时，你是不是觉得头都大了。家长千万不要为此感到头疼，相反应该为此感到欣喜。

因为主动提出问题，证明此刻孩子已经开始探索这个世界了，他想要知道更多、更有趣、更神秘的东西，家长最好的办法就是让儿子学会带着问号学习，凡事多问一个为什么。

例如，你可以采取提问法、观察法、游戏法等引导儿子主动提出问题。举个例子来说：当你正在厨房做饭的时候，拿起一旁的铁锅问儿子：“宝贝，你知道炒菜为什么用铁锅吗？”“妈妈，我不知道，为什么呀？”“因为铁锅导热快，而且里面含有的铁元素对我们的身体也有好处……”相信通过你的科学引导，你的儿子一定会学到越来越多的知识。

方法二：鼓励男孩不要迷信权威，大胆质疑

有一个妈妈讲述了这样一件事：

我的儿子上初一，他各方面都表现得特别优秀，最令我感到欣慰的是，他还有一个敢说敢问的好习惯。

有一次，学校组织一场专家讲座，学生们都聚集在礼堂听讲。专家讲完之后，设置了一个学生提问环节，大多数学生选择了沉默，只有几个学生就刚才的演讲表达了自己的欣赏之情，唯有儿子站起来质疑了专家的话，并提出了自己的观点。对于儿子的质疑，专家给出的答案是：“我是根据××学者的著名观点讲的！”儿子说：“难道××讲的就是真理吗？也许他错了！”儿子这种大胆质疑的勇气和魄力，受到了那位专家的称赞和同学们的钦佩。

妈妈要告诉孩子：这个世界上没有十全十美的人，不要盲目迷信权威。如果有一天孩子的想法和权威产生了矛盾，切忌让孩子顺从所谓的“权威”，而否定他自己的观点。

5. 点燃思维火花，培养男孩创新能力

创新能力是人类最重要和最有价值的一种能力。对一个男孩来说，他将来有多大成就，在很大程度上取决于他的创新能力如何。

现在，教育界对学生的创新能力的培养越来越重视，这是十分可喜的。然而从另外一个角度来说，这又是远远不够的，创新能力的培养应该从家庭教育开始。

妈妈是孩子的第一任老师，而且妈妈与孩子相处的时间最长，接触的生活面最广。如果妈妈能抓住一切机会培养孩子的创新能力，相信会有很大的收获。如果妈妈忽视了对孩子创新能力的培养，那将会是莫大的遗憾。我们来看这样一个小故事：

有一天，一个小男孩在课堂上听老师讲道：“蚯蚓有很强的再生能力，即使断成两截也可以活下去，并可以分别再生长成完整的蚯蚓。”

听了老师的讲述后，小男孩非常好奇，同时也有一点儿疑惑：“蚯蚓真的有这么强的自生能力吗？我一定要亲眼看个明白。”

于是，小男孩回到家后，立刻挖来一条蚯蚓，并把它截为两段，放在窗台上养起来。然而，小男孩的妈妈发现后非常生气，她狠狠地打了小男孩一巴掌，并把蚯蚓扔出窗外，嘴里还生气地责备说：“不好好学习，就知道玩儿！你看你玩儿得多恶心！”

此后，这个因好奇心而“惹祸”的小男孩无论大事小事都变得

唯唯诺诺、谨小慎微了。

为了减少类似上面事例那样的遗憾，妈妈应该怎样培养男孩的创新能力呢？

方法一：保护好男孩的好奇心，鼓励男孩大胆探索

好奇心是孩子的天性，也是迸发创新能力的前提。正因为好奇，孩子才有了探索的欲望，这种欲望就是孩子最宝贵的创造性心理之一。

君君7岁了，像所有的小男孩一样，他是一个好奇心非常强的小男孩。爸爸妈妈带他出去玩儿的时候，他遇到什么都问个不停："天上怎么会有红云彩？""为什么有的花是红的？有的花是黄的？""太阳为什么掉不下来？"……

不管君君有什么问题，君君的妈妈都会不厌其烦地回答，她觉得这样做是有好处的，君君虽然只有7岁，但是他已经懂得了很多东西。在学校里，很多别的孩子回答不了的问题，君君都能回答。他被其他小朋友称为"小老师"，还经常受到老师的表扬。君君为此也非常自豪，学习的积极性越来越高，还立志要做一名科学家。

方法二：培养男孩的想象力，鼓励男孩奇思妙想

想象力是创新的翅膀，任何创造都离不开想象力。爱因斯坦曾说："想象力比知识更重要，知识是有限的，想象力是无限的，它概括着世界上的一切，是知识的源泉。"因此，现实生活中，妈妈要抓住培养男孩想象力的机会，给男孩插上想象力的翅膀。

方法三：经常带男孩接触新鲜事物，激发男孩的好奇心

知识是一切能力的基础，没有知识，对外面的世界一点儿也不了解、不熟悉，即使智商很高，也很难有创新能力。所以，妈妈要根据男孩的年龄和生活环境，经常利用节假日带男孩去接触

新鲜事物。

阿杰家庭条件虽然不好，但是他非常听话，学习成绩非常优秀，一直都是班里的前几名。很多人都羡慕阿杰的妈妈能培养出这么优秀的孩子，都纷纷到阿杰家里去“取经”：“阿杰怎么这么优秀啊？你是怎么培养的？是不是有什么秘诀？”

每当这时，阿杰的妈妈总会很骄傲地说：“养孩子哪儿有什么秘诀！如果说真的有什么方法的话，那是因为我保护好了阿杰的好奇心。阿杰从小就很好奇，对什么事情都刨根问底。我觉得好奇心强的孩子，学习兴趣肯定也高。他越是好奇，我就越是要让他接触新鲜事物，我经常带他去接触和认识一些新鲜事物。在这个过程中，阿杰能学到很多知识，知识面广了，他的学习兴趣会更加浓厚。”

其实，认识事物越多，想象力就越宽广，就越有可能触发新的灵感，产生新的想法，这对孩子的学习和发展是非常有好处的。那种只想把男孩关在家里，只想让男孩写字、画画、背诗的方法，只会把男孩培养成书呆子，绝不可能培养出有创新能力的人。

第十三章

财商决定男孩一生，教男孩驾驭金钱和财富

1. 从小培养男孩的财商

随着年龄的增长，孩子不可避免地要与金钱打交道。尤其是步入社会后，理财能力将直接影响孩子一生的贫富。尤其是对于男孩来说，拥有较高的财商是受益一生的财富。

美国著名的亿万富翁洛克菲勒，就特别重视对孩子的财商培养。当他的孩子很小的时候，他便每周发给每个孩子零花钱，同时给他们准备一个记账本，记录钱的用途。然后，他会在每个周末，定期审查孩子们的开支是否合理。对此，洛克菲勒解释说："要让他们从小就懂得金钱的价值，不要乱花乱用，而把钱花在该花的地方。"

因此，从小培养孩子的财商，在孩子的成长过程中进行有规划的理财教育，是很有必要的。

牛牛是某市实验中学初三的学生，家境非常好。他平时上学、放学，都是爸爸或爸爸的司机用小车接送。他穿的衣服也是最流行的款式。然而，牛牛上学总是三天打鱼两天晒网，一旦没有小轿车送，他就赖在家里，死活不肯上学。

有一次，班上有一个同学穿了一款从国外买回来的衣服，牛牛回家后就吵着让妈妈也到国外给自己买一套一模一样的。妈妈没及时买到，牛牛就又哭又闹，发誓不买到新衣服就不去上学。

还有一次，牛牛过生日，他收到全班同学送的生日礼金2700多元。生日的第二天，他花了700多元给自己买了一双盼望已久的名牌运动鞋，用剩下的2000元请全班同学到酒店吃了一餐。

在我们的身边，有一些像牛牛一样的孩子。孩子的理财意识需要提高，我们的理财教育势在必行。在家庭教育中，妈妈应该如何培养男孩的理财意识呢？

方法一：告诉男孩理财的重要性

妈妈如果想培养男孩的理财意识，就必须先告诉他什么是理财以及理财的重要性，这也是让男孩树立理财意识的第一步。

张远是个学习成绩优秀的孩子，由于家庭条件不错，所以妈妈对孩子的零花钱管理得非常宽松，这让张远从小养成了花钱大手大脚的习惯。每次上街，只要是他喜欢的东西，就往家里买。因此，张远一个月要向妈妈要好几次零花钱。但究竟花了多少钱，它们都用在了什么地方，张远自己也说不清楚。

其实，类似张远这样的孩子在我们的身边有很多。不管我们有多少钱，都不应该纵容孩子乱花钱，应让孩子从小树立科学的理财观念，养成理财的好习惯。

方法二：教男孩体会与人分享金钱的快乐

妈妈首先要清楚一点，教男孩认识金钱，并不是教他过多在意金钱，否则人容易变成金钱的奴隶。因此，妈妈要控制男孩对金钱的欲望。

为了避免男孩成为“小财迷”，妈妈不妨多带男孩参加一些慈善捐款活动，使他懂得人与人之间应该互相帮助和分享，这是比守住金钱更快乐的事情。

方法三：用正确的理财观和消费行为来影响男孩

晚饭后，小海的父母坐在沙发上聊天，他们的聊天内容引起了小海的兴趣，他凑过去问：“爸爸妈妈，你们刚才说的基金定投是什么意思啊？怎么会让钱生钱呢？”

小海的妈妈耐心地解释道：“儿子，这是一种投资，就是每个月把你的钱定期存到银行里，银行的基金经理拿着你的钱去进行更大的投资，如果他们对金融市场把握得好，就会赚取到可观的利润，你就会获得相应的回报；如果金融市场不景气，很可能你的钱就会全赔进去。所以，儿子，我刚才说的钱生钱只是一种理想的状态。不过，大多数情况下，基金是不会赔的，我和你爸爸就准备投一些。”

小海听到后，表现出很兴奋的样子：“我也想把自己的压岁钱投进去，每个月存一些，可以吗？” 妈妈摸摸小海的头，笑着说：“当然可以了，儿子。钱放在手里，永远是死的，只有让它保持流通，才能生出更多钱……”

妈妈永远是孩子最好的老师。许多时候，妈妈不需要说什么，用自己的消费观念和消费习惯等就能潜移默化地影响孩子，所以妈妈处处都要以身作则，要用自己的正向行为来影响男孩。

2. 钱是怎么来的

对于绝大多数男孩来说，他们对金钱最初的欲望往往体现在购买欲上。从刚懂事起，他们就开始向妈妈要吃的、玩儿的等。这时，他们并不知道钱到底是什么，只知道钱可以用来购买很多他们渴望的东西。

可见，妈妈对男孩进行的第一堂财商教育课应该是告诉他钱是怎么来的，以便让他建立正确的消费意识和金钱观念。

小洪3岁了，他的妈妈准备送他去幼儿园，但是为了更好地培养他对金钱的认识，妈妈决定带上他一起去幼儿园办理缴费手续。在幼儿园的缴费处，小洪歪着头问妈妈：“我们为什么要把这么多钱交给幼儿园呢？”妈妈向他解释要交这么多的钱的原因。同时，妈妈还告诉小洪，这些钱都是她和爸爸辛苦工作赚来的，跟幼儿园的阿姨一样，只有工作才能获取金钱作为报酬。这虽然只是一种简单的交谈，却让小洪知道了两个问题：第一，上幼儿园为什么要交钱；第二，钱是一种等价交换的媒介，只有工作才能获得，不是平白无故得来的。

因为不知道父母赚钱的辛苦，所以很多孩子，尤其是家庭环境比较好的孩子根本不懂得珍惜；因为不清楚父母背负的压力，所以孩子不能理解父母偶尔的“小气”；因为从未体验过生活残酷的一面，所以孩子始终感觉不到自己的生活有多幸福……

因此，妈妈一定要从小树立孩子正确的金钱意识和消费意识，养成节约的好习惯。

方法一：让孩子知道赚钱的辛苦

很多妈妈几乎每天都要对儿子说：“宝贝，妈妈去上班了……”到了月底，妈妈又会用工资给孩子买很多礼物。孩子年龄较小，还不清楚“工资”的含义，于是，大部分孩子总是把目光集中在父母的工资上，而很少去关注父母一个月所付出的辛苦劳动。为了培养孩子正确的理财意识，妈妈有必要让孩子知道你每天都在做什么。

以下是一个妈妈的真实经历：

一天，15岁的儿子突然对我说：“妈，我们同学都骑一种公路赛车，才1000多元，你也给我买一辆吧！你看我骑的那辆自行车太土了，我在同学面前特没面子。”听完儿子的话，我惊诧无语：“才1000多元。”这话在儿子的口中怎么那么不对味儿，就好像我的钱是大风刮来的一样！我是一名普通工人，每月工资只有几千元，劳动强度特别大，于是，我决定带儿子到我工作的地方感受一下赚钱的辛苦。

到了工厂，我问儿子："你觉得我的工作苦不苦？"儿子没说话，只是咬着嘴唇点点头，看得出他有所感受。我又问儿子："我一个月才挣几千元钱，而你却一张口就要上千元的豪华自行车，你算算看，我得干多少天这样劳累的活儿，才够买你要的那辆自行车？"儿子虽然不说话，但眼眶里充满了泪水……

只有让孩子知道你工作的辛苦，钱赚得不易，他才会懂得珍惜。即使是对于生活条件很优越的家庭来说，也必须在孩子成长的过程中，对他进行适当的教育，要他知道钱不是万能的，换不来一生的幸福和一颗感恩的心！当孩子看到那些钱全是由你的汗水和辛劳换来的时，他会更加尊敬你、爱你。

方法二：让孩子明白有劳才有得的道理

飞飞非常想要一款运动鞋，于是，他对妈妈说："妈妈，我想要电视里那双运动鞋。"妈妈对飞飞说："如果你真的想要，就要自己挣钱来买。从今天开始，你帮妈妈打扫卫生吧，妈妈每天给你发'工资'，你看怎么样？"

飞飞接受了妈妈的建议，通过自己的劳动，获得了自己心仪的那双运动鞋。

这个妈妈的做法值得借鉴，不仅让孩子清楚地体会到赚钱的辛苦，而且可以培养孩子的感恩之心。

方法三：让孩子知道钱来之不易

鹏鹏看到别的小朋友都有自己的钢琴，他也很想要，于是就整天缠着他的妈妈要钢琴。妈妈没有立即答应他的要求，而是在明确了他对音乐很有兴趣后，找儿子谈话："妈妈知道你很想要一架钢琴，但是钢琴真的太贵了，妈妈可以先给你租一架钢琴，你先练

妈妈，我想要电视里那双运动鞋。
好的，一会儿我带你去买。
妈妈，我想要电视里那双运动鞋。
如果你真的想要，就要自己挣钱来买。从今天开始，你帮妈妈打扫卫生吧，妈妈每天给你发“工资”，你看怎么样？

着。”

一段时间过去了，妈妈看到鹏鹏学琴很努力，不怕吃苦，于是，决定给他买一架钢琴。

于是，妈妈从银行里取出来2万元现金，并故意换成了20元一张的。这样一来，原本两捆钱的百元钞票就变成了许多20元的钞票。鹏鹏看到这么多钱，不禁张大了嘴巴。妈妈看着他的表情说道：“你看，买钢琴需要很多钱吧，这里面每一张都是妈妈辛苦赚来的，所以你一定要好好学钢琴，知道吗？”

就这样，通过妈妈的良苦用心，鹏鹏理解了一架钢琴的价值。他不仅非常认真地练习钢琴，还非常爱护这架来之不易的钢琴。在他看来，这架钢琴是妈妈辛苦工作很长时间，用很多钱买来的。

这个妈妈是聪明的。对于孩子来说，一件物品究竟值多少钱，他往往没有一个明确的概念，但是当一大堆钱和等待购买的时间摆在他面前的时候，他就会很清楚地认识到这件物品的价值，才会懂得珍惜、尊重他人的劳动成果，更重要的是，男孩也从中学会了感恩！

3. 小存储，大未来

说到储蓄，我们并不陌生，它是我们每个人都离不开的最基本的经济活动之一，也是最基本的理财形式。作为妈妈，要想培养男孩的储蓄意识，让他从小养成储蓄的好习惯，首先必须让孩子认识、理解储蓄是什么等基础知识。

当然，培养男孩储蓄习惯的方法有很多，妈妈可以根据孩子的实际情况，采取相应的方法。

方法一：与男孩一同制订零花钱使用规则

关于零花钱，妈妈应郑重地和他进行讨论，最后达成一个零花钱使用规则，即使用零花钱的时候要遵从节约勤俭、消费合理、不可超支的原则。妈妈要告诉男孩，规则一旦形成，他就必须遵守。

方法二：把储蓄优先的观念灌输给男孩

对于男孩来说，如果他有自己购买的目标——他认为很重要的东西，那么储蓄就变得非常有意义。一位经济学家建议：鼓励孩子设立短期目标，让他存入零花钱，两三个星期后就能买诸如玩具、书籍和学习用品等，然后让孩子转向更大的目标，存钱几个月，乃至一年，就能实现更大的目标。

我们来看这样一个小故事：

王女士从事律师工作，她有两个儿子，一个10岁，另一个16岁。

王女士非常注意培养孩子的理财意识，这项工作是从培养他们的储蓄习惯开始的。例如，儿子出生不久后，她就以孩子的名义在银行开了一个活期储蓄的账户，将亲戚朋友所给的满月礼、压岁钱都存在账户内。两个孩子都是如此。

等孩子慢慢长大以后，王女士将银行卡给了儿子，并嘱咐孩子，若要买自己喜爱的东西，一定要跟家里人商量，钱则从账户内扣除。另外，王女士也一直督促两个孩子把自己的零花钱存在他们自己的账户里。

长期以来，两个孩子随时都知道自己账户内有多少钱，也都清楚自己的钱到底花在了什么地方。

在王女士的长期培养下，她的两个孩子从小就养成了良好的储蓄习惯，有点儿零花钱就自己存起来，从来不乱花。

其实，要想从小培养男孩的理财能力，储蓄习惯的培养是其中重要的一环，因为储蓄过程可以让他学会等待，亲身体会储蓄带来的好处。所以，妈妈一定要帮助男孩形成储蓄意识。

方法三：巧妙使用存钱罐，教男孩养成储蓄的好习惯

这里介绍一种简单易行的小方法——用存钱罐，它可以帮助我们培养男孩的储蓄习惯。具体的操作步骤如下：

第一步：和男孩一起挑选存钱罐。妈妈可以在男孩的重要日子中，一起去挑选一个他喜欢的存钱罐，当作礼物送给他。

第二步：和男孩一起存钱。与男孩一起收集家中的硬币放进存钱罐，教育男孩把零花钱、压岁钱存起来，还可以准备一些硬币给他，让他体会到收集的快乐。

第三步：让男孩见识储蓄的神奇力量。妈妈可以通过定期和男孩一起清点存钱罐，让男孩见证自己储蓄的成果。与此同时，妈妈还可以教育男孩懂得储蓄的力量，教他节约平时点点滴滴的零花钱，坚持储蓄的好习惯，及早为未来做准备，将来就有可能实现更大的梦想。

4. 滚雪球，钱生钱

培养男孩的经济头脑，也就是培养他的理财、投资的眼光和能力。具备这种能力，对于男孩来说，是伴随他一生的用之不竭的巨大财富。从小培养男孩的经济头脑，将来他的生存能力更强，事业和生活会更加成功。因此，妈妈可以利用生活中的各种机会，让男

孩从小就懂得金钱的价值，并且具备一定的理财能力。

妈妈要想培养男孩的经济头脑，应该从以下方面入手。

方法一：让男孩管理自己的钱

小山平时都是自己管理零花钱，他有三个存钱罐，排成一排放在他的桌子上。这让来他们家串门的叔叔阿姨很奇怪，孩子存钱很正常，可是为什么非要有三个存钱罐呢？其实，用三个存钱罐，是爸爸妈妈有意为之。他的第一个存钱罐里的钱，就是用于一般的日常开销，比如买自己的生活及学习用品。第二个存钱罐，就是短期的储蓄，比如，每当小山有些相对贵重的物品需要买，就用这里的钱。上周他用掉了两个月的积蓄买了一架他向往已久的飞机模型。放入第三个存钱罐的钱，小山从没花过，他是把这些钱当作长期储蓄。每年春节，爷爷奶奶、姥姥姥爷、爸爸妈妈、叔叔阿姨给的压岁钱，他大部分都放到了这里面，然后定期让爸爸给他存到银行。

三个存钱罐的理论，是美国教育专家戈弗雷提出的。把钱分存到三个存钱罐，就是让男孩学会经营自己的钱，并进行合理的分配和应用，这就让他对钱形成了一定的认识和规划，锻炼了他的理财能力和消费能力。当然，让他花钱的同时，也能让他理解存钱的必要性。同时，这个理财过程也培养了孩子节俭的品质。

方法二：从小树立理性消费的观念

现在很多男孩追求时尚或陷入攀比热潮，动辄就是品牌，看什么好买什么，一入商场就眼花缭乱了，开始非理性购物，这也想要，那也想要，买回的东西没有多少实际价值。如何让男孩理性购物呢？这首先要求他具备理性消费的观念，而这种观念需要妈妈从小为他树立。

每当晓晨跟爸爸妈妈去超市买东西时，从来不提过分要求，如果没有必需的需要，他只会挑选一样。看晓晨这么懂事，有时爸爸妈妈就额外奖励，给他多买一样，他就会问“钱还够吗，不行下次吧”。相对于别的孩子，晓晨的表现让爸爸妈妈感到非常欣慰。而晓晨的这个习惯也是爸妈从小培养的，以往每次去商场或超市前，父母都会和他先计划一下，问好他都需要什么，然后就直奔主题去挑选，如果没有特别需要的，就只买一样，他自己可以随便挑选。

5. 价值观是男孩人生的基石

当前，让孩子从小养成科学合理的消费习惯已经成为现代家庭教育最重要的一项内容。

生活中，扬扬看见广告里有什么，他就想要什么。他的妈妈经常和同事抱怨说：“广告里面有什么，我们家扬扬就闹着要什么，他要什么我就得买什么。”当然，扬扬小的时候，他也不会有什么特别高的要求，顶多就是买点儿玩具。这样的要求家里还是可以满足的，因此妈妈每次都尽量满足扬扬的要求。

但是，随着年龄的增长，扬扬的要求越来越高。这不，刚上初中没几天，就向家里人开出了一个消费清单：名牌文具、名牌运动鞋和名牌自行车……妈妈粗粗一算，居然需要四五千元。

妈妈虽然有能力购买这些东西，但是一想到孩子花钱大手大脚，就显得无可奈何了。

对于男孩来说，学会合理地消费，其意义不仅在于如何花钱本身，其中包含了多方面教育的内容和能力的培养。因此，培养男孩的科学理财观，一定要引导男孩合理地消费。那么，怎样引导男孩合理消费呢？这需要我们从生活中的小事做起、从细节做起，一步步引导男孩树立科学的金钱观，帮男孩形成合理的消费观念。

方法一：消除男孩的攀比心理，为他建立良好的消费习惯

有的男孩自控力比较差，因此，他们在消费时会有大手大脚的习惯。

有这样一个故事：

一个家庭因为生意失败导致财产损失，就在妈妈一筹莫展之际，这家的男孩却张口向他的爸爸要钱："明天我的朋友过生日，请给我500元，我答应请他吃饭。"男孩的话让妈妈很惊愕。妈妈说："儿子，你不了解咱们家现在的状况吗？你怎么还……"男孩有些不高兴地打断妈妈的话，说："那就给我200元吧！我答应朋友了，要不然，也太没面子了。"妈妈看着儿子理直气壮的样子，不住地叹气和摇头……

因为男孩比较爱面子，所以在消费行为上存在着与人攀比的情况。当一个男孩有较重的攀比心理时，如果不及时纠正，他的攀比行为就会升级，甚至影响家庭生活。因此，妈妈在满足男孩的欲望时切记不能过度。当男孩有了攀比的消费行为，妈妈可以让他把这些转变为学习上的竞争，从而端正孩子的态度。

另外，要试着让男孩了解父母的工作情况，让他明白金钱来之不易，立足社会、学会生存很艰辛，最终建立自力更生、勤奋工作的理念，为今后的工作和生活打下一定的基础。

方法二：通过日常购物引导男孩科学消费

妈妈要在日常购物中教导男孩理性消费。这里面有很多小技巧可以使用，我们先来看看下面这个妈妈是怎么做的。

16岁的马东来自单亲家庭。一次他想买一件名牌衬衣，需要近1000元钱。马东身边的几个朋友都买了那种衬衣，他也想要一件。马东想：自己16岁了还没有一件像样的衬衣呢！妈妈过去总在小摊上买减价的衬衣，自己已经是高中生了，一定要有穿得出去的衬衣。

马东回家后把自己的想法和妈妈说了。妈妈一听需要1000元钱，立刻反对。一见妈妈反对，马东非常不高兴，觉得妈妈不关心他，甚至用不学习、不做作业来对抗。

无奈之下，马东的妈妈只得答应马东的要求。实际上，她已经另有打算：即使买了这件衬衣，也要让马东知道妈妈为他买这件衬衣有多么不容易。于是，她对马东说："我们每个月存200元钱，存4个月，到第5个月我就可以给你买了！"马东的妈妈想：也许只有这样，才能让马东理解我的苦衷， 这也是一个教会马东合理消费的好方法。

当然，马东还是很高兴的，又开始用心学习了。然而，两个月后，马东看着每天精打细算的妈妈，就只为了给自己买件衬衣时，心里特别不舒服。终于有一天，马东对妈妈说："你不要存钱了，我现在不想要那件衬衣了，我看到一件80元的衬衣，也很不错，我要那件。"

生活中，有很多小技巧可以用来引导孩子合理消费，比如，买东西时多逛几个地方，货比三家，告诉男孩无论买什么都不能大手大脚；逛街前要和男孩说好：今天只能买一样东西，或者只能花多少钱，以便对男孩有所约束；还可以让男孩做一些力所能及的事情，如买菜、买日用品等，让他了解家里的消费开支情况。

6. 教男孩学会记账管住钱

现实生活中，不少妈妈可能都这样责怪过孩子：“零花钱怎么花得这么快？”那么，孩子的钱到底花在哪里了呢？大多数孩子面对这个问题时只能无所谓地摇摇头。这时，妈妈应该怎么办呢？有一个方法值得尝试——教男孩记账。当他学会记账后，就知道自己的钱花在哪里了，也就明白自己哪些钱该花，哪些钱不该花了。这对于培养孩子的财商很有好处，也有助于孩子从小养成良好的消费习惯。

一个妈妈这样谈到自己的教子经验：

儿子对钱没概念，最直接的后果就是不知道珍惜物品。上学一个月，他的橡皮就用了五六块，20多支笔没了影子。为了让他改掉这些毛病，我决定教他学记账。

别小瞧记账这件小事，它对孩子养成好习惯真的很有帮助。通过记账，孩子不但学会了节省花销，还学会了尊重劳动。自从学会记账起，儿子改掉了吃饭时的浪费行为。

儿子已经读初中了，一直保持着艰苦朴素的习惯。

有一句话说得好：“一吨口头教育比不上一盎司感性认识。”意思是说，千百句枯燥的说教比不上一次亲身经历的认识来得深刻。所以，真正想让男孩从小就拥有良好的财商，父母平时就要给孩子一些独立使用金钱的机会，而记账就是让孩子参与自己消费活动的最直接的方式。

那么，作为妈妈，该如何培养儿子的记账能力呢？可以参照以下三个方法。

方法一：为男孩准备一个账本

妈妈可以帮助男孩准备一个消费小账本，帮助他理解支出、收入等概念；告诉男孩：每次得到零花钱或是买东西都要记录下来；妈妈可以在固定时间和儿子一起分析总结，看哪些消费是必需的，哪些是没必要的。这样，男孩就能够从实践中理解理财的重要性，学着有计划地消费。

每到过春节的时候，赵鑫的爷爷奶奶、姥姥姥爷都会给他很多压岁钱，以前都是由妈妈保管的。但是，11岁生日那天，赵鑫说自己已经长大了，要自己保管，妈妈同意了。赵鑫特别高兴，但谁知这刚一“放手”，妈妈就发现赵鑫偷偷拿着钱买了很多乱七八糟的东西。今年，赵鑫又收到1000多元压岁钱。妈妈就想，如何让他好好保管这些钱呢？后来有一件小事让妈妈抓住了机会。

那天，赵鑫突然在他房间里喊：“我存的钱怎么少了啊？”妈妈一问，才知道他的钱少了100元。赵鑫妈妈想肯定是他记错了，于是就让他好好回忆，把花的每笔钱列出来，果然是他自己买了东西花掉了。

通过这件事，妈妈给他准备了一个小本子，让他每花一次钱都要记下来，月底的时候再整理一下，这样钱用到哪里了都一目了然。赵鑫采纳了妈妈的建议。

通过一年多的实践，现在他已经能比较好地控制零花钱的用途了，而且也逐渐改掉了乱花钱的坏习惯。

可见，给孩子一个记账本，教会孩子记账，的确是一个可以帮孩子建立合理的消费习惯，培养孩子理财意识的好方法。当然，对于年龄小的男孩，妈妈可以先给他做示范，再慢慢放手让他自己学习记账。

方法二：定期给男孩一些零花钱

妈妈可以定期给男孩零花钱并控制金额。开始的时候，妈妈可以以周为单位给男孩零花钱，按时按量地发放。等到男孩逐渐养成习惯后，再把时间拉长为两周、一个月等。随着孩子年龄的增长，间隔时间也应越大。这种方式不仅可以让男孩学习在固定的时间内分配消费金额，做到有条理、有节制，也可以培养男孩的责任心，让男孩学会掌握收支平衡的原则。

关于零花钱的金额，我们建议妈妈根据自家的经济状况和男孩的年龄来确定，同时教育男孩消费要量入为出、量力而行。

方法三：追踪监督，及时纠正偏差

以下是一个妈妈的教子经验：

儿子花钱总是没计划，为了纠正他这种不良的消费习惯，我决定教他记账。于是我便为他准备了一个记账本，叫他每天把自己买的东西及费用记在本子上。刚开始儿子很不情愿，但在我的督促下，便开始了记账历程。渐渐地，我通过翻阅他的记账本，大体知道了他零花钱的流向：每天他都要打车去学校，中午吃完饭买一瓶饮料。了解了这些，我把儿子叫了过来，说："每天20元打车费，一个月算下来大概是400多元……儿子，你去学校坐公交车很方便，你认为打车有必要吗？如果你能节省下来，就可以去买你真正需要的东西啦！"儿子听我说完，也意识到了自己的问题。从此，他花钱真的谨慎多了。

在男孩记账的过程中，妈妈要及时追踪监督，了解男孩的消费倾向，了解他对金钱的价值与感受，若发现有偏差，要适时帮助他纠正自己的消费行为。事实证明，这种办法非常见效，可以避免男孩冲动消费，让其在消费时越来越理智，越来越有计划。

第十四章

立品修德，男孩的品格教育要趁早

1. 让爱永驻男孩心田

“爱”一直是人类永恒的话题，一个有爱的男孩会更加珍惜生命、珍惜一切美好的事物。

一位儿童心理学家通过研究发现，同情和善良是孩子的天性。假如妈妈在了解男孩的这种天性后，能够正确地引导和培养，那么他就会成为一个充满爱心的人。

中国人常说“舐犊情深”，妈妈关爱孩子，孩子长大后关爱自己的孩子，这在一定程度上表明爱心是一种后天强化的行为，只要你为孩子做好榜样，他就会模仿你。那么，妈妈应该通过哪些方法有意识地对儿子进行爱心教育呢？

方法一：给男孩做好关心他人的榜样

人们常说“榜样的力量是无穷的”。因此，要想让男孩富有爱心，妈妈必须从自身做起，言传身教。

有这样一对夫妇，他们深深懂得父母的言行在孩子成长过程中所起到的重要作用。所以，他们总是以身作则，非常孝顺长辈。例如，在家里，他们总是给长辈倒茶、盛饭、嘘寒问暖；逢年过节，他们记得给长辈买东西、送礼物，而他们在做这些的时候，总是会让儿子知道，而且很多时候他们也会询问儿子应该给长辈们买什么样的礼物，让孩子参与到关爱长辈的行动中来。

在关爱孩子方面，他们总是体贴、温和地与孩子沟通，并及时给予孩子适当的鼓励、表扬和肯定，让他能直接感受到父母对自己的爱。

为了给儿子创造一个温馨、有爱的家庭环境，这对夫妻从来不

快走，别理他。这种人太多了，不值得可怜！
好臭，滚开！
帮帮我吧！
流浪者也有尊严，我们应该尊重和帮助他！
帮帮我吧！
妈妈，我把这个星期的零花钱给他，可以吗？

在儿子面前争吵，而是互相关心、爱护。他们每次出差，在给儿子买礼物的同时，总不忘给对方也买一份。而且在吃东西的时候，他们总会提醒儿子记得给家人留一份。

生活中，他们还注意使用爱的语言，比如“别着急，我来帮你”“谢谢你为我所做的一切”等。这样，男孩在父母的引导下，也渐渐学会了怎样去爱别人。

方法二：在日常生活中培养男孩的爱心

生活中，有的妈妈会对孩子进行一些“特殊教育”，灌输给孩子一些社会上尔虞我诈、钩心斗角的负面信息，目的是告诫孩子要保护自己。虽然妈妈的本意是好的，但要把握好尺度。如果长期在过分偏激的负面教育中成长，男孩容易形成消极的人生态度，变得冷漠、自私。因此，妈妈要以积极的态度在日常生活中培养男孩的爱心。

从贝贝两三岁的时候起，妈妈就开始培养贝贝的爱心，经常鼓励他去帮助别人。例如，看到其他小朋友哭，妈妈就会对他说：“贝贝，你看那个小妹妹摔疼了，她一定很伤心，你用自己的玩具哄哄她吧。”

有一天，贝贝跟妈妈一起上街去买东西。在过马路的时候，贝贝看见一位行动不便的老奶奶，他看了看妈妈，妈妈正用鼓励的目光望着贝贝。于是，贝贝主动走上前去，扶着老奶奶过了马路。走到马路对面后，老奶奶十分感谢贝贝，夸他是个有爱心的好孩子。这时，走在后面的妈妈对贝贝说：“贝贝，你注意到了没有，旁边的阿姨都微笑地看着你，后边的叔叔向你投来赞许的目光呢！”贝贝朝旁边一看，果然如此。贝贝高兴地回答道：“老奶奶过马路时会有困难，我们每个人都应该帮助老奶奶过马路，是吧，妈妈？”

妈妈微笑地点点头。

孩子的爱心像一朵含苞待放的花蕾，你在乎它，它就会持久绽放；你忽视它，它就会慢慢枯萎；你打击它，它可能会立刻消逝。如果你想让孩子充满爱心，就要在生活中小心地呵护和培养。

2. 懂分享的男孩更幸福

英国著名的剧作家萧伯纳说过这样一句话："你有一个苹果，我有一个苹果，彼此交换，每个人只有一个苹果。你有一种思想，我有一种思想，彼此交换，每个人就有了两种思想。"可见，学会分享的人不但不会失去，反而会得到更多。

因此，妈妈应培养男孩分享的好习惯，让他从与他人的分享中获得更多的快乐和幸福。

实际生活中，很少有孩子会愿意主动去和别人分享自己喜爱的东西，因此，妈妈有必要让孩子知道什么才是真正意义上的分享。

方法一：用交换法让男孩学会分享

妈妈在教子过程中可能会发现这样一种现象：在有些场合，男孩总希望自己能够独霸所有的东西。如果出现这种情况，妈妈一味地批评孩子，只会产生副作用。如果能让男孩学会与他人分享玩具等物品，往往会起到很好的教育效果。

有一个妈妈这样谈到自己的教子经验：

我有两个儿子，一个5岁，另一个7岁。兄弟俩一般情况下都能很好地相处，但也常常会为一件玩具而争吵起来。后来，我就买了一个小猴形状的定时器。每当两个小家伙一起玩儿的时候，我就为他们设定相同的时间，有时是10分钟，有时是20分钟，但时间一到，其中一个必须放下自己手中的玩具，让另一个来玩儿。就这样，两个孩子都学会了在属于自己的时间里玩儿，而且他知道时间一到，自己就不应该再霸占着玩具，否则以后就没得玩儿了。因为我在之前给他们规定只要其中一个孩子违反了规则，那么这个玩具的所有权就要归另一个孩子了。

方法二：引导男孩站在他人的角度去思考问题

一天，妈妈带着5岁的儿子去公园玩儿，他们在凉亭休息的时候，妈妈拿出从家里带来的果汁给儿子喝。这时，妈妈注意到旁边有一个小女孩正用渴望的眼神看着儿子手中的果汁，于是，妈妈对儿子说："宝贝，给这个小妹妹喝一瓶果汁好吗？"

儿子摇着头说："不，我要自己喝！"

妈妈耐心地对儿子说："宝贝，如果你看到别人在喝果汁，你想不想喝呢？"儿子毫不犹豫地点点头。

"这就对了，现在你拿一瓶果汁给这个小妹妹喝，以后也会有别的小朋友给你分享他的物品。"

儿子看了看妈妈，又看了看小女孩，终于给了小女孩一瓶果汁。

孩子本就是这样，他们不愿意和别人分享自己的东西，但却希望分享他人的东西。这时，妈妈就要在充分了解男孩的这种心理特征后，引导他站在他人的角度去思考问题，进而让他学会与他人分享。

方法三：妈妈要学会分享男孩的东西

妈妈在教育男孩学会分享这一问题上，往往会忽视一点：妈妈也应学会分享。为什么会这么说呢？因为现在很多妈妈宁可自己吃苦受累，也不愿让爱子受一点儿委屈，只要是好吃的、好玩儿的、好用的都往孩子面前堆。

例如，儿子真心实意请妈妈一起吃东西，妈妈却坚决推辞说：

“乖儿子，你吃，你吃，妈妈不吃！”“你这孩子真是的，让你吃你就吃，装什么啊！”于是，男孩与人分享的好意就被妈妈扼杀了。长此以往，男孩自然也就没有谦让与分享的习惯了。

因此，对于妈妈来说，最重要的还是要首先学会坦然地与男孩分享，成为他最值得信赖的朋友，进而引导孩子把他分享的对象范围扩大，从妈妈转到其他长辈，再转到身边的朋友，转到更多人的身上。

3. 孝顺是男孩为人处世的根本

常言道：“百善孝为先。”孝顺是一个人为人处世的根本，更是一切道德的根源。一个没有孝心的男孩即便他长大后很优秀，也不会得到人们真心的称赞和肯定。因此妈妈从小就要教育男孩孝敬长辈。

一个妈妈这样谈到自己的教子经验：

我的儿子在外地上高中，就在高考前夕，最疼他的姥爷去世了。爱人说，儿子离家比较远，又马上临近高考，就不要让他回来了吧。但是我毅然决定让儿子回来参加他姥爷的葬礼。我让儿子始终陪着我，他感受到了失去亲人的伤痛。也许有人认为我这种做法欠妥，但是我觉得这种亲情体验比他高考多考几分要重要得多。

这个妈妈说的一点儿都不错。我们教育孩子的最终目的，就是希望他成为一个身心健康的人，假如他只有高智商，却没有孝心，最终也不会成为一个受他人尊敬的人。

那么，有哪些方法可以帮助妈妈教育男孩学会孝顺呢？

方法一：妈妈要为男孩树立孝顺的好榜样

妈妈的言行是男孩模仿的一面镜子，镜子里反映出的品行是善良、友爱、孝行，男孩就会模仿妈妈的善良、友爱、孝行，反之亦是如此。因此，妈妈要教育孩子孝敬长辈，就要从自身做起，做一个孝敬长辈的人。

方法二：从小事入手，培养男孩孝敬长辈的行为习惯

教育男孩孝敬长辈，妈妈应该根据孩子的年龄、能力等做出合理分配，具体指导和耐心训练，并加以热情鼓励。例如，节假日带着孩子到爷爷奶奶、姥姥姥爷家里，让孩子有时间和老人在一起相处，增进双方的感情；平时妈妈要经常告诉儿子，爷爷奶奶、姥姥姥爷把爸爸妈妈抚养成人多么不容易；让儿子给长辈表演唱歌、跳舞等小节目，让他们开心等。

生活中看起来很小的事情，如让男孩给自己的爷爷奶奶拿东西吃，或者扶着爷爷奶奶上下楼梯，或者记住爷爷奶奶的名字，这些都会在孩子的心里撒下爱的种子，然后一步步地激发爱的力量，让他学会怎样孝敬长辈、关爱年长者。

4. 让男孩拥有一颗感恩之心

人们常说："生活需要一颗感恩的心来创造，一颗感恩的心需要生活来滋养。"而家庭是一个男孩最早接受教育的地方，孩子从妈妈那里得到的不仅是生命，还有怎样去爱身边的人，怎样去爱这个世界。

但是在男孩展翅高飞前，妈妈除了要教会他如何更好地生存外，更要教会他如何带着一颗真诚、善良的心去对待他人。

一天，儿子和妈妈坐在客厅看电视，电视里正在播放解放军

在地震现场救援的动人场面。画面中一位刚刚失去儿子的母亲正在失声痛哭，看电视的妈妈也被感染，眼泪忍不住落了下来。儿子不解地看着流泪的妈妈问：“妈妈，你为什么哭啊？”妈妈轻擦着眼泪，动情地对儿子说：“妈妈是因为刚才电视里的妈妈失去孩子而感到伤心。”儿子又问：“那个妈妈为什么会失去孩子呀？”妈妈说：“因为地震让那个妈妈失去了家，失去了孩子。如果妈妈失去你，也会那样伤心的。”“妈妈，我不会让你伤心的。我们帮助那个妈妈找到家，找到孩子好不好？”此时，妈妈完全被儿子的一颗善心所感动。于是，她关掉电视，带着儿子去给地震灾区的人们捐款了。

这个妈妈正是在用悲情来教会儿子珍惜感情。心理健康专家曾表示：悲情可以促使孩子成长发展，如果人为抑制这种情绪，就会令其丧失成长的机会。其实，妈妈通过对孩子的悲情教育，可以帮助孩子不断完善自我，让他学会与人沟通，学会理解和帮助别人。因此，妈妈应通过一些悲情教育方法教会男孩什么是爱，如何体会爱，以及怎样学会去爱。

那么，妈妈如何对男孩进行悲情教育呢？

方法一：时常带男孩参加慈善捐助会

有这样一个故事：

一天，在“贵族学校”上学的小男孩回到家对正在做饭的妈妈说：“妈妈，我们学校让大家向灾区捐款。”妈妈听后从钱包里拿出5元钱给了儿子。但是小男孩觉得自己没有很好地完成老师布置的任务，因为大家捐的不是50元，就是100元，自己只捐5元钱，他觉得很丢脸，所以从那之后他一直闷闷不乐。

妈妈看出了儿子的心思，对他说：“儿子，或许你的同学家境都非常好，但我们帮助别人必须量力而行，而且不一定要在学校捐款，我们能做的还有很多。”从那之后，妈妈就经常带着儿子参加一些慈善捐助会，有时是在路边为没钱治病的小妹妹捐上5元钱，有时是为灾区人民奉献一份爱心。小男孩每次跟着妈妈去捐款的时候，都会被捐款的人群所感染，他看到有的小朋友比他年龄还小，捐的钱也不多，但是他们都感到非常自信和快乐。

一段时间后，小男孩不再闷闷不乐，因为他知道捐款不是为了在同学面前显摆自己的富有，而是为了能为那些真正需要帮助的人奉献自己的爱心。

所以，妈妈可以经常带儿子去参加一些慈善捐助会，当然捐款的数目要在你的经济承受范围之内。其实，让孩子捐款的金额并不重要，最重要的是让孩子体验到当一个人身处困境的时候，有那么多的人会去帮助他，而且不要任何回报。

方法二：让男孩观看一些有关感恩的影片、电视节目

当今社会，有些孩子缺乏感恩之心。妈妈要想改变这种状况，平时可以有意识地让孩子观看一些有关感恩的电视节目和影片，以便让他在深受感动的同时反省自己。

有一个妈妈就是这样做的：

一直以来，我对儿子都爱护有加。但前一段时间发生的事情，让我感到十分心酸。有一天，我生病发烧躺在床上休息，儿子放学回来后，不但不关心我一下，反而抱怨我说：“你病了，谁给我做饭啊？真是的，你要是提前告诉我，我就可以去奶奶家吃饭了！”听到这里，我伤心地哭了。

当然，我不能把造成这种现状的所有原因都归结在儿子身上，有很大部分原因在我身上。于是，为了让儿子学会关爱别人，我带他看了一些关于爱和亲情的影片。现在，儿子不但学会了关心我，也学会了怎样更友好地对待别人。

第十五章

社交能力在一定程度上决定着男孩的成就

1. 远离恶友、损友

有时，朋友对男孩的影响是巨大的。正所谓：“近朱者赤，近墨者黑。”男孩进入青春期后，妈妈有时担心儿子在外面交上坏朋友，影响自己的学习和生活。经常会听到许多妈妈忧心忡忡地说：

“我担心儿子和社会上一些不良少年混在一起，被他们带坏。”

“怎么办？我儿子最近成绩下降，他经常和校外一些男孩混在一起，学会了逃课、打架，这样下去，他的人生不就毁了吗？”

……

妈妈这些担心不是多余的。男孩进入青春期后，有着强烈的交友欲望。因为他们在心理上趋向于拓展自己独立的天地，扩大自己的交际范围，以便消除成长的困惑，展示自己的能力。但由于这一时期男孩的心理发育还未完全成熟，是非分辨能力较弱，不懂得如何选择朋友，所以，他们很可能为了追求好玩儿和刺激，接近一些不良少年。

因此，妈妈引导青春期男孩学会正确交友是十分必要的。那么，妈妈该如何引导男孩交友呢？

方法一：及时制止男孩交往不良朋友

男孩与品行不良的人交往，妈妈一旦发现，就应该及时制止，让男孩早日远离不良朋友。否则，男孩一旦沉溺其中，可能会荒废学业、思想颓废、行动消极，被一些不良行为同化。

男孩和品行不端的人交往是有一定原因的，比如想获得他人的关注，想不被同伴欺负等。这些心理层面的需求，妈妈可以引导孩子通过其他正确的途径获得。当男孩获得了成就感，自然能体验到

你今天是不是又去同学家玩儿了？以后别去玩儿了，这些坏毛病都是和你同学学的，放学后按时回家！
为什么呀？真不讲道理！
儿子，今天是不是又去同学家玩儿了？同学的家人喜欢你吗？
他们可喜欢我了，我们一起做完作业后，我还帮同学打扫卫生呢！

个人价值，从而明确是非观。因此，妈妈要及时制止男孩从不良朋友那里获得此类心理需求的行为。

方法二：告诉男孩，交友要注重精神层面

男孩不懂如何选择朋友，妈妈要引导他重视精神层面的交往，选择一些价值观相似、品行良好、直言不讳的朋友，这样的朋友才能真正提升男孩的素养。

一天，李岚对妈妈说起了自己的困惑：“真不知道马瑞阳有没有拿我当朋友，他总喜欢说我的缺点。我真是气死了，不想再搭理他了，可他刚才却打电话找我踢球。”

妈妈听到后，便问李岚：“你觉得马瑞阳说得对吗？你是不是真有这些缺点呢？”李岚想了想，点头说：“我确实有，是我做得不好。”妈妈说：“既然他说得对，你就要改正，而不是记恨人家。儿子，你该为自己拥有这样一位好朋友而高兴！”李岚点点头：“妈妈，我明白了。我这就和马瑞阳踢球去……”

很多时候，男孩不会分辨好坏话。此时，妈妈要及时帮他辨别真正的心灵之友，找一些有利于男孩进步的人交往。朋友相交，不是看重物质层面的给予，要看精神层面的给予，看他能不能给男孩带来有益的影响。

2. 金钱不是友谊的试金石

青春期男孩毕竟不是真正的成年人，他们对待友谊的渴望往往导致他们错误地判断友谊与金钱的关系，甚至很多男孩认为金钱才是检验友谊的唯一标准。例如，我们时常会听到男孩这样说：“连钱都舍不得借给我的朋友根本不算朋友。”“我发现给自己好哥们儿花钱之后，他们更愿意跟我玩儿，甚至还听我的话。”“我要是在钱的方面表现得小气，朋友们就会冷落我，我害怕被孤立，所以我宁愿在朋友身上多花些钱。”……

所以，妈妈应该引导男孩正确处理金钱与友谊的关系，帮助他认清什么才是真正的友谊。

方法一：告诉儿子金钱不是友谊的试金石

妈妈应该告诉青春期男孩，真正的友谊应该是：彼此有共同的语言、兴趣、价值观和道德观；能够发现朋友身上的优点，让你有一直结交的愿望；自己身上有令朋友看重的优点，让朋友觉得自己很重要，值得信赖；彼此能够真诚沟通，而不是只说一些场面话；即使伤害过，也懂得宽容、理解和忍让，并且仍然乐意与自己交往，这样的朋友才值得结交。

方法二：教儿子正确处理金钱与友谊的关系

上初三的覃辉一回到家就向妈妈要钱：“妈，给我100元钱。”妈妈不解地问：“这个月的零花钱不是给够你了吗，怎么还要钱？”覃辉说：“我好哥们儿遇到点儿事急需用钱，他不敢问家里多要，所以我帮他凑点儿。他说以后会慢慢还我。”结果半年过去了，那个朋友还没有还钱，覃辉心里一直惦记着这件事情，可又不好意思问同学要，甚至总是怀疑那个朋友当初是故意向自己借钱，现在又故意忘记的，慢慢地他与那个朋友产生了隔阂。

事实上，青春期男孩都希望自己在朋友心目中是一种正面形象，例如，慷慨大方、豪爽直率、值得信赖……所以为了获得这种形象，他们愿意用付出金钱的方式为自己加分，但同时他们也希望朋友也能这样对待自己。而一旦自己的期待落空，就会和好友产生矛盾，如果这种矛盾不能正确处理好，那么男孩很可能因此失去朋友。

因此，妈妈应该教儿子正确处理金钱与友谊的关系。例如，告诫儿子不要盲目地借钱给朋友，同时也不要随便向同学借钱，并要根据自己实际的经济状况来消费。

3. 气度决定格局

有这样一句名言："比大地更宽广的是蓝天，比蓝天更宽广的，是男人的胸怀。"胸襟宽广的男人更有大将风度，也更具有人格魅力。

张英是清朝著名的大臣。他在老家安徽桐城的宅子和吴家的宅子相邻。后来两家都要建造房屋，为争地皮，两家发生了激烈的争执。张老夫人给张英写了一封书信，让他出面进行干预。张英看到书信后，写了一首诗劝导老夫人："一纸家书只为墙，让他三尺又何妨？长城万里今犹在，不见当年秦始皇。"张老夫人见书明理，马上把墙让了三尺，吴家见此情景，非常惭愧，也立刻把墙让后了三尺，并且和张家重修旧好。

因为张、吴两家都后让三尺，就形成了六尺宽的街巷，成为桐城有名的"六尺巷"。张英也因为自己宽广的胸襟得到了大家的赞誉，数百年来仍然得到人们的赞扬。

如果家长希望自己的儿子能够成为一个胸襟宽广的人，就要让他学会宽容和理解，不为一些鸡毛蒜皮的小事斤斤计较，也不会因为别人的一时冒犯而睚眦必报了。

莎士比亚说过："宽容就像天上的细雨滋润着大地。它赐福于宽容的人，也赐福于被宽容的人。”的确是这样，一个懂得宽容的人在宽容别人的同时，也会得到他人的理解和尊敬，甚至和敌人也能成为朋友。这样的人，无论是在学习上还是在工作上，大家都愿意与他合作，从而让他更容易取得成绩和进步。

方法一：家长要摆正教育观念

有些家长怕儿子吃亏，就经常告诉他：“别人要是打你你就打他，他打你一下你就打他两下。”因为有了家长的错误引导，孩子自然不懂得宽容别人，甚至还会变得记仇。在教育孩子方面，一定要摆正教育观念。我们应该明白，我们的目标是把孩子培养成一个宽容、谦逊、有礼貌、有修养的人。所以，我们应该让孩子学会宽容，而不是让他变得小气、斤斤计较。

另外，值得注意的是，家长应该为儿子树立好榜样，在为人处世上宽容、理解别人。这样，儿子才会在潜移默化中学会宽容和理解。

方法二：让儿子学会宽容和理解别人

要想让孩子学会宽容别人，就要让他懂得换位思考。这样，他才会设身处地地为别人着想，从而去宽容和理解别人。

一个妈妈这样谈到自己的教子经验：

我儿子9岁了，是个喜欢看书的小男孩。有一次我给他买了一本《淘气包马小跳》，他把书带到了学校，一下课马上翻看起来。不巧，他同桌不小心把水杯弄翻了，那本书上溅到了不少水。当时我儿子心疼坏了，不仅让同桌赔他一本新书，还把这件事告诉了老师，导致他同桌被老师批评了一顿。

当儿子跟我诉说这件事的时候，我对他说：“妈妈知道你非常心疼那本书，但是谁都有不小心犯错的时候，如果你喝水时不小心把同桌的书弄脏了，你的同桌不仅让你赔书，还把这件事告诉老师，你会舒服吗？”儿子想了想说：“我可能会很难受的。”我接着说：“所以，我们应该站在别人的角度替他想一想，并且要学着理解和宽容别人。”这件事给儿子留下了很深刻的印象，慢慢地，儿子学会了换位思考，也懂得宽容和理解别人了。

4. 学会换位思考

换位思考是人与人的一种心理体验过程。将心比心，设身处地，是达成理解不可缺少的心理机制。它客观上要求我们将自己的内心世界，如情感体验、思维方式等与对方联系起来，站在对方的立场上体验和思考问题，从而与对方在情感上得到沟通，为增进理解奠定基础。它既是一种理解，也是一种关爱。

那么，如何让男孩学会换位思考和善待他人呢？下面就给妈妈提供一些切实可行的方法。

方法一：让儿子学会换位思考体谅他人

强子11岁了，在生活中很少能体谅他人。有一天放学回家，强子生气地对妈妈说：“萍萍真是太讨厌了。”萍萍是强子的同桌。妈妈问强子：“萍萍怎么了？”强子说：“萍萍这两天老是生病，害得我一个人擦黑板。而且老师还安排我给她补课，真是太麻烦了。”强子班里有一个规定，每一桌为一组，轮流擦黑板。因为萍萍生病不能上课，所以这一天的黑板都是强子擦的。妈妈对强子说：“上次你参加运动会时不小心摔了一跤，休息了好几天，那些天不都是萍萍给你补课吗？你也应该换位思考一下，体谅一下别人。”强子听了妈妈的话有些惭愧，说：“妈妈，我知道了，现在我就给萍萍补课去。”

当男孩学会了体谅别人，能设身处地地为他人着想，他就能更好地处理各种矛盾，从而更好地融入集体。所以，妈妈要让男孩学会多站在别人的角度去思考问题，并且多理解和体谅别人。

方法二：给儿子营造换位思考的环境

生活中，妈妈的言行举止都会被儿子看在眼里，并跟着模仿。所以，妈妈一定要给儿子营造一个换位思考的环境，并且以身作则，让换位思考的习惯潜移默化地植根在儿子的心底。

5.学会拒绝是一门艺术

学会拒绝不仅是自我保护的一种方法，也是一种与人交往的技巧。

当然，拒绝别人时，要懂得考虑别人的感受，要顾及对方的面子。

下面这些方法妈妈不妨尝试一下。

方法一：教男孩用正确的心态看待拒绝

乐康一脸委屈地坐在楼梯口，妈妈看了他一会儿，对他说：“儿子，你怎么了？需要我帮助吗？”乐康说：“刚才我想和明明他们一起玩儿，可是他们都不愿意和我玩儿，明明还推了我，我很生气。”正在这时，明明过来了，乐康妈妈对明明说：“明明，你和乐康之间发生了什么事情？”明明说：“我已经向他道歉了呀，他也已经原谅我了。”“是这样吗？”妈妈问乐康。“是的，我已经原谅他了，可我心里还是有些不舒服。”“那你需要我的帮助吗？”“不需要，我只是想自己在这里坐一会儿，我可以自己调整的。”听乐康这么说，妈妈没有再说什么，转身离开了，但却躲在楼梯的拐角处悄悄地观察儿子。只见乐康两只胳膊撑着脸，深深地叹了口气，然后又将胳膊放下，伸开两条腿，伸展一下，又叹了两口气。几分钟后，他站了起来，走到院子里，看到小佳跑了过来，对小佳说：“你愿意和我一起玩儿吗？”小佳说：“愿意啊。”乐康的脸上顿时一片灿烂，拉着小佳的手跑去滑滑梯了。

乐康懂得用正确的心态面对别人的拒绝，准确地区分事情与情绪，并能管理自己的情绪。

方法二：教男孩正确认识面子

有一个妈妈是这样教育儿子的：

我儿子是个热心肠的孩子，平时总是很乐于帮助别人，他对别人有求必应，从没有拒绝过。其实，儿子有时候也想拒绝别人，毕竟他也有自己的事情要忙，但他不好意思对别人说“不”。

我认为儿子乐于助人没错，但在很多事情上，他也应该学会拒绝别人。于是，我对他说：“儿子，你应该学会说‘不’，不能对别人有求必应，在面对同学的一些无理请求时，你也应该学会婉转地拒绝。相信你跟对方说明情况后，对方也不会强人所难，懂吗？”

听了我的话，儿子心里的包袱终于放下了，并学会了拒绝别人的无理要求，而且并没有因此而失去朋友。

其实，如果男孩爱面子是为了维护个人的尊严，是为了真正帮助别人，妈妈是可以鼓励的；但如果男孩爱面子是为了虚荣心、随大溜、过度忍让，那么妈妈就应该制止。妈妈要让儿子明白，凡事都应该有自己的判断，不能总为面子所累，该拒绝时就拒绝，尤其是当自己不愿意或者遇到无理要求等情况时，一定要敢于说“不”。

第十六章

科学进行性教育，让成长不再迷茫

1. 如何开口对儿子说“性”

正因为成人对于“性”的躲躲闪闪，才在一定程度上造成了男孩对于“性”更加好奇。要知道青春期这个阶段，越是看似隐晦、神秘的东西越是能激起男孩的好奇心和冒险意识，甚至很多男孩因为对“性”的错误认识，出现了早恋、过度自慰、偷窥癖等问题。要知道，正确的性教育不但能促进男孩形成健全的人格，而且影响他一生的幸福。因此，妈妈必须学会正确地对儿子开口说“性”。

方法一：简单直接、轻松自如地和儿子说“性”

一天，11岁的亮亮一放学回到家就突然问正在做晚饭的妈妈：“妈妈，什么是做爱？”妈妈一听，当下脸色大变，严厉地说：“住嘴，以后不许乱说话！”感到很委屈的亮亮说：“我听同学说‘做爱’这个词，我不知道是什么意思才问的啊！”妈妈说：“瞎问什么，以后这个问题谁都不能问，等你长大了就知道了！”谁知亮亮说：“为什么一定要我长大才知道，我们班小虎好像知道，明天我问他去！”妈妈一听，更恼火了，打了儿子一巴掌，说道：“臭小子，谁都不能问！”亮亮莫名其妙被打，哭着跑了出去。

其实，亮亮的妈妈完全没必要故作神秘地训斥儿子一顿，因为性并不是一件可耻的事情，她这样做之后，会让儿子慢慢觉得性是一件羞耻的、隐蔽的事情，对他的性教育只能起到反作用。

所以，妈妈在回答儿子提出的有关“性”的问题时，态度要平和、自然、轻松，而且回答问题时可以简单直接，妈妈甚至可以运用调侃的方式与儿子交流、讲解，不要给男孩造成心理压力，不要让他对性产生错误的认识。

方法二：正确回答儿子“我从哪里来”这个问题

关于“我从哪里来”这个问题，父母给予孩子的回答千奇百怪：

“从医院垃圾桶里捡来的。”

“从白菜地里种出来的。”

“从烟囱里捡到的。”

“从山上抱回来的。”

……

如果妈妈能一开始就准确告诉儿子他是爸爸妈妈爱的结晶，并告诉他精子和卵子是怎样结合的，那么他就不会对自己的出生产生好奇了。当然，假如你不好意思直接和儿子讲，可以通过性教育的相关书籍等方式慢慢引导儿子自己去探知，这样既避免了当面解说的尴尬，也巧妙解决了儿子的疑问。

2. 如何理性引导早恋的孩子

进入青春期，有些男孩会出现顶嘴、叛逆、学习退步、爱美、早恋等现象，其中，妈妈最困惑的就是如何引导早恋的孩子。

有一个妈妈是这样做的：

一天放学后，儿子突然郑重其事地跟我说：“妈妈，我谈恋爱了，如果您想打我骂我一顿，那我们就没有谈论的必要了。”儿子这样正经地找我谈话，我想他一定考虑了很久，于是我笑着说：“臭小子，难道你要我大笑三声以示庆贺！你谈恋爱我不反对，但我不希望看到这件事情影响到你们的学习。”儿子信誓旦旦地说：

"您放心，我告诉您就是不想让您胡思乱想，我们会互相督促学习的。""好的，有你这句话我就放心了，不过，我还是会监督你的！这也是我的责任！"我拍了拍儿子的肩膀，算是我们之间的约定。

青春期的男孩对异性往往充满着好奇和向往。所以当你发觉儿子有了喜爱的女孩，首先，你不要惊慌，因为这在一定程度上表明儿子长大了。其次，你要学着相信儿子，然后给予正确的引导。

妈妈具体可以参考以下方法。

方法一：帮助青春期男孩树立正确的恋爱观

妈妈应该告诉儿子，真正的爱是宽容、责任、体谅和义务，是一辈子的承诺和关怀，不是一时的意乱情迷或者仅仅是两个人开心地在一起。如果一个男人做不到自立自强、自尊自爱，那么他就没有能力去付出爱，也没有资格获得爱。

所以，妈妈应该尽力让男孩明白这样一个道理：青春期，并不是播种爱的季节，它只是准备和学习如何去爱的阶段。男孩应该做的是增长知识与能力，让自己能自立自强地生存，并且拥有健全的心理与人格，才能让自己自信从容地爱与被爱。

方法二：学会和青春期男孩"约法三章"

青少年教育专家认为，对于青春期男孩，父母要多和他沟通。青春期男孩被异性吸引是很自然的事情，是他成长的一部分，假如父母强力反对，那么会对男孩造成很大压力，更会使家庭关系变得十分紧张。

有一个妈妈是这样教育儿子的：

面对儿子谈恋爱的事情，我和他"约法三章"，要他不能荒废学业，并且一再提醒他不能踏入禁区，让他明白一时冲动做出不负责任的事情，不仅伤害对方，而且自己也要为此付出沉重代价。没想到这个办法对儿子真的很奏效，他既没有因此耽误学业，也没有影响我们之间的关系。

其实，青春期恋爱这件事情不是妈妈阻止就能完美解决的，妈妈要保持理智和冷静，不妨和儿子“约法三章”，让他学会平衡学习和恋爱的关系，学会对自己和他人负责。

3. 儿子偷看成人片，怎么办

青春期的男孩偷看成人片，是因为他对性有极强的好奇心，对未知的女性身体也有一种强烈探寻的心理，而这些表现除了是因为男孩第二性征的出现，身体发育渐渐成熟，还因为父母、老师对性问题的回避态度，所以他变得更加好奇。

青少年心理教育专家认为，男孩之所以会偷看成人片，最根本的原因是他无法从正常的渠道获取有关性方面的知识。因此，要想引导青春期男孩远离成人片，妈妈必须给儿子上好性教育这堂课。

方法一：切勿简单粗暴对待看成人片的男孩

一个愁容满面的妈妈向心理专家讲述了她的烦恼：

前两天我进儿子房间，看他很慌张地往床下塞东西。我假装没看到，等他去学校的时候，我竟然从他的床下找出来一本色情小说。原来我以为每天晚上他都在好好学习，没想到他在看这些乱七八糟的东西，后来有一次我打开他的电脑，发现里面竟然有很多成人片。儿子回来后，我狠狠骂了他一顿，没想到这孩子不但和我顶嘴，还跑到同学家去住。您说，我该怎么办呢？

青春期男孩自尊心很强，也很敏感，最忌讳的就是简单粗暴的批评教育，而上述事例中的妈妈就是在与“性”相关的敏感话题上，对儿子进行了简单粗暴的批评，这并无助于问题的解决。

方法二：用“限”“转”“导”的方法来正确对待看成人片的男孩

有一个妈妈的教育经验是这样的：

最近，我发现上初二的儿子竟然在电脑上看成人片，我没有当面斥责他，而是开始限制他上网的时间，并告诉他上网必须以保证正常的学业为前提。除此之外，我周末经常让他出去和同学打球，鼓励他多做一些感兴趣的有益身心的事情。在儿子性教育方面，我适时引导他要学会保护自己和他人，同时也要养成良好的生活习惯。慢慢地，我发现儿子作息时间恢复正常，再也没看过成人片。

这个妈妈做得非常好，她切实可行地限制儿子能接触成人片的渠道，然后把儿子的注意力转移到其他正常、健康的事情上去，然后再引导儿子正确认识“性”，同时还不忘培养儿子的生活习惯。这种“限”“转”“导”的方法很值得其他妈妈尝试，对青春期男孩非常有用。

4. 儿子过度自慰，正常吗

自慰是指在非性交的情况下，用手或其他物品摩擦生殖器官，以取得性欲满足的行为。

其实，对于青春期男孩来说，适度自慰并没有错，正如弗洛伊德认为的那样：性欲需求是“生命意志”的体现，而性冲动即“一种生命能量”，当这种能量积聚到一定的程度时身体就有将它排泄出去的需求，这种需求是自然的、合理的，是人类的本能。

不过，青春期男孩过度自慰并不正常，它不但会对男孩的身体健康造成不良影响，如早泄、不射精、阳痿、记忆力衰退、神经衰弱等，还会给男孩增加很大的心理压力，让男孩变得沮丧、自卑、悲观、羞愧等。

那么，有什么办法可以帮助男孩克服过度自慰的行为呢？

方法一：用心理疏导法来帮助男孩戒掉过度自慰

一天，青少年心理咨询中心接待了一个15岁的男孩，他看起来心情很低落，他的父母也是一脸愁容。这个男孩对心理专家说他从初一开始就有自慰行为，而且在感受到自慰带来的快感之后，他根本控制不了自己，几乎天天自慰。可后来他发现，过度自慰让他经常头晕目眩、失眠、神经衰弱，根本无法专心学习。后来，他还听别人说自慰会大伤男性元气，于是想下决心改变这种状况。可是，每当有性冲动的时候，他仍想，因此他感到很矛盾，非常紧张，各种不良情绪严重影响他的生活。现在，他每天都像活在地狱之中，总感到自己卑鄙、无能、下流、见不得人。

的确，自慰会给像这个男孩一样的青少年带来无尽的烦恼和痛苦，并随之产生一系列的生理问题和心理问题。因此，妈妈必须想办法帮助儿子戒掉过度自慰。

心理疏导法是一种很常见的解决青春期男孩过度自慰问题的方法，一般来说，心理疏导法的步骤是：第一步，妈妈要学会察觉，即仔细观察儿子是否有自慰现象出现以及他的各种情绪，如不安、愤怒、沮丧等；第二步，妈妈要学会了解儿子的这些情绪，然后找准机会对他进行疏导；第三步，妈妈要学会倾听，并且在日常生活中多与儿子进行互动，仔细感受他的情绪波动，然后积极帮他调整；第四步，妈妈要学会限制或转移儿子过度自慰的行为，如鼓励他多参加体育运动等；第五步，妈妈要让儿子明确自己因过度自慰而要承担的后果，如身体健康会受到严重伤害、情绪会受到影响等。

总之，妈妈要尽量帮助男孩减轻因自慰产生的心理压力和不良情绪，进而引导他戒掉过度自慰。

方法二：培养青春期男孩良好的爱好和兴趣

有一个妈妈的教育经验是这样的：

自从我发现儿子有过度自慰的习惯后，我没有打骂他，而是鼓励他多出去走走，多结交一些朋友。我知道他喜欢乐器，就给他买了一把吉他，还给他报了一个班。没想到儿子从那之后，把更多的时间花在学习吉他上，而且结交了很多好朋友，参加集体活动的机会也多了起来。通过仔细观察，我发现儿子自慰的现象越来越少，到后来再也没发生过。

这真是一个聪明的妈妈，她懂得用丰富多彩的业余生活来将儿子过盛的精力消耗掉。

可见，妈妈培养青春期男孩良好的爱好和兴趣，一方面可以激发他的学习兴趣，增加他的自信；另一方面也可以慢慢改掉他的一些不良行为习惯，让他更加健康、快乐地成长、学习。

5. 儿子偷尝“禁果”了，怎么办

因为青春期男孩身心并未成熟，他们可能只是因为一时的性冲动或者对性的好奇，而和异性发生性关系。一般来说，这种情况下偷尝“禁果”，会让他们从刺激、欣喜变得忐忑、恐惧，接着他们会怕承担责任，会担心被家长发现而惶惶不可终日。所以，当妈妈发现儿子已经偷尝了“禁果”，一定要谨慎地处理，千万不要把事态扩大，更不要气急败坏地打骂儿子，因为这样只会让男孩更加叛逆、怨恨。正确的做法是平心静气地倾听儿子的想法，开诚布公地和他讨论解决问题的最佳方法。

除此之外，妈妈也可以参考以下方法。

方法一：教男孩掌握性知识，给他更多知情权

有一个妈妈的教育经验是这样的：

前两天，我从老师那里得知正上初二的儿子谈了一个女朋友，两人感情似乎还不错。我很担心儿子因为谈恋爱耽误学习，更担心他和那个女孩偷尝“禁果”。但我也知道这个时期的孩子很叛逆，如果我逼迫他和那个女孩分手，很可能会让他更叛逆。所以，我选择了另外一种方式来引导儿子。首先我给他买了很多关于性知识的青少年读物，然后我又让孩子的爸爸给他讲解了一些青春期安全知识，让儿子意识到如果过早地和异性发生性关系，是对对方的一种伤害，而且他需要承担更多的责任。最后我们写信告诉他，我们并不会强硬地反对他结交异性，但我们希望他能对自己和他人都负起责任。后来，儿子告诉我们，他和那个女生不会越雷池一步，他们要共同努力学习，如果考上大学感情还不变，他们就在一起。听到

儿子这样保证，我很欣慰。

很多青春期男孩因为缺乏性知识，再加上有些父母对这个问题讳莫如深，间接剥夺了男孩的知情权，所以有的男孩就想要去尝试。因此，妈妈可以通过各种方式让儿子掌握性知识，树立正确的是非观、价值观，从而让他懂得如何尊重、爱护自己和他人。

方法二：发现男孩偷尝“禁果”，要妥善处理

当你发现儿子偷尝“禁果”后，不要呵斥他，甚至侮辱打击他，而是应该站在孩子的角度表达你的理解之情，并且协助他一起把事情解决好。最重要的是，在解决问题的过程中，你要让儿子认识到他的错误，以及他应该承担的责任，让他明白在青春期哪些事情是应该努力去做的，而哪些事情是绝对被禁止的，只有这样他才会真正地成长。

第十七章

解读青春密码，陪孩子顺利度过青春期

1. 儿子追星狂热，怎么办

青少年追星是一件非常普遍和正常的事情，但凡事要有度，如果男孩追星太过狂热，不但影响学习，也会给家人带来很多的负担和烦恼。

那么，青春期男孩为什么那么崇拜偶像，尤其是那些影视娱乐明星呢？一般来说，主要有三个原因：一是很多青春期男孩为了追寻自我，当他们心中渴望一个看得见、摸得着的形象时，他们就会产生崇拜心理；二是偶像或者明星是青春期男孩心目中父母的替代品；三是为了和同龄人有共同的话题，极度渴望融入一个团体。

由此可见，对儿子追星这一现象，妈妈不必大惊小怪，恰当的做法是允许儿子追星，并且引导他正确追星。

方法一：让男孩认识到，生活中他能追的“星”有很多

一个妈妈是这样引导狂热追星的儿子的：

14岁的儿子最近迷上一个日本的流行乐队组合，渐渐地，他开始按照乐队成员的穿衣风格打扮自己，而且也越来越重视自己的外表，不弄好发型不出门，早上还经常因为搭配衣服而迟到，而且他谈论的话题也变成了哪件衣服潮……

我意识到不能这样下去，于是，就决定转移儿子追星的注意力，在一番搜索后，我选定了体育明星姚明，希望让姚明身上的那种拼搏与努力精神感染儿子。

于是，从此之后，我就有意识地买了很多有关姚明的体育杂志，还时不时地叫上儿子一起看篮球比赛，因为很多青春期男孩本来就对篮球运动有好感，没过多久，儿子就彻底迷上了姚明，并对

我说："妈妈，我也要像姚明一样，努力、拼搏、不服输……"

妈妈可以让男孩认识到，生活中他可以追的星其实有很多，并积极引导男孩多方面追星，比如，体育明星、科研明星等，让男孩学习这些明星身上坚持不懈、刻苦奋斗的精神。

方法二：教育男孩要理智追星

有的青春期男孩意志力比较薄弱，抵御外界诱惑的能力不强，因此，妈妈一定要教育男孩理智追星。

有一个妈妈的教育经验是这样的：

一天，15岁的亮亮放学回家后就把自己关在房间里，我叫他出来吃饭他也不出来，于是，我意识到可能是他有了心事，就主动来到他的房间里和他谈心。

"儿子，是不是有什么事不顺心？"

"没什么事。"儿子无精打采地说。

"真的吗？"我继续问。

"哎，就是因为我同桌当着全班同学的面侮辱我的偶像。"

"然后呢？"我耐心地问。

"然后我们就吵了起来，后来还打了起来。"

"儿子，你的心情妈妈可以理解，就像有人说你不好，妈妈也会很生气的，但是，每个人的看法都不一样，也许他觉得你偶像不好，你也觉得他的偶像不好呢，对吧？就拿妈妈来说吧，我喜欢的偶像，你爸爸就不喜欢，但是我们因为这件事吵过架吗？"

"没有！"

"所以，你也没有必要为了这样的事情郁闷啊。另外，妈妈还要告诉你，追求明星更应该学习他们身上的优点，就像你喜欢的那个明星，从一个默默无闻的人成长为现在众人皆知的明星，在他光鲜亮丽的外表背后，他一定付出了很多泪水与汗水，对不对？”

“嗯！”

“所以，你应该学习这种精神，你也是一个像他一样勇敢、坚强的人，对吗？”

“我知道了！”

这个妈妈的做法非常好，不仅对儿子的想法有了更深入的了解，而且在与儿子探讨偶像的过程中，她还积极地挖掘了偶像的榜样作用，更好地激励儿子成长和进步。

2. 儿子上网成瘾，如何引导

上网成瘾无论是对一个家庭还是对男孩来说，都会造成许多不利影响。更何况长时间玩电脑游戏，不但损害青春期男孩的身体健康，引发头晕眼花、疲乏无力、视力下降等症状，而且还会导致情绪低落、暴力等心理变化。因此，妈妈应该采取有效措施，及时帮助青春期男孩戒掉网瘾，让他学会理性上网。

方法一：不要逼迫男孩与网络脱离关系

其实，男孩每天上网不超过两小时，就不能算是网瘾，妈妈大可不必过于紧张。而且，网络作为现代社会不可或缺的交流工具、学习工具，对青春期男孩的学习和生活也是十分有帮助的。

妈妈应积极引导孩子健康地使用网络，告诉他如何利用网络来学习知识、充实生活，并积极地参与到他喜爱的网络活动中。

方法二：妈妈可以和儿子“约法三章”

有一个妈妈的教育经验是这样的：

回来就玩游戏，你的作业写完了吗？真不让人省心！
你每天都没完没了地唠叨，我的事以后不用你管！
我知道你现在长大了，但妈妈还是想给你提点儿意见：能先写完作业再玩儿吗？那样玩儿更踏实。考虑一下妈妈的建议。
好的，妈妈，我写完作业再玩儿。

上了初中之后，儿子更加热衷于上网，为了不因此影响他的学习，我和他“约法三章”，每天上网的时间不能超过两小时，周五可以适当延长一小时，而且上网的时间主要用于学习。儿子是一个很守承诺的孩子，他按照我们的约定上网，此后，他的生活、学习规律多了。

完全禁止儿子上网是不妥的，毕竟网络上也有孩子需要的信息和知识，因此，妈妈可以和儿子约定上网时间和上网内容，以此保证男孩健康上网。

3. 引导儿子远离校园暴力

有的男孩天生喜欢征服别人，喜欢用拳头证明自己的勇敢，这是不对的。对于那些打架成性的男孩，妈妈还是要及时选择恰当的方法进行教育。

方法一：为青春期男孩营造和谐的家庭氛围

13岁的小刚经常欺负邻居们的小孩，邻居们也没少上门告状。一天，张阿姨家的孩子被小刚打了，她打电话给小刚妈妈让她好好管教儿子。晚上妈妈下班后，进门第一件事就是把小刚从房间里拎了出来，不由分说就打了小刚一记耳光，并对他说：“你又出去给我惹事，今晚不许吃饭，看你长不长记性！”小刚生气地看着妈妈说：“不吃就不吃！”然后跑回房间，把自己锁了起来。第二天，小刚又找到张阿姨家的孩子，打了他一记耳光，并威胁他说：“你妈要是再到我家告状，我就天天揍你！”

有的男孩喜欢打架，很大程度上是受家庭的影响。有少数父母本身举止就不文明，双方爱争吵、打架、摔东西，久而久之，孩子就会模仿大人的行为。另外，有些父母对男孩的教育方式比较粗暴，对于孩子的过失非打即骂。一个在打骂声中长大的男孩，自然会形成用暴力解决问题的方式。所以，如果想让男孩行为文明，就要从自身做起，并为他营造一个和谐的家庭氛围。

方法二：接纳青春期男孩的感受，不强迫他道歉

有一个妈妈的教育经验是这样的：

我知道青春期男孩精力充沛，也难免会在冲动之下做错事，但我从不强迫儿子道歉，而是引导他，让他意识到自己的错误，然后学会控制自己。我发现这种教育方法很有效，他慢慢地学会了控制自己的不良情绪。

青春期男孩打架其实是一种情绪的宣泄，如果妈妈只是一味责备，只会增强男孩的逆反心理。面对这种情况，妈妈应向儿子表明你能理解他的感受，并要清楚地告诉他：“你打架的行为是错误的，是我不能容忍的。”谈话时也要避免过长的训导和讲道理，因为这会使男孩一头雾水，不知所措。

另外，也不要强迫男孩当时道歉，可以等跟他沟通好之后，再让他向被打的同学道歉，这样的效果会更好。

4. 如何纠正孩子的偷窃行为

生活中，有的男孩偷窃只是偶然行为，存在大人不会发现的侥幸心理，与学坏、犯罪并没有必然联系。不过，当你发现儿子有偷窃行为时，一定要及时教育，因为一旦男孩养成这种坏习惯，再去

纠正会更加困难。

妈妈首先要做的就是了解儿子为什么要偷钱或者偷拿别人的东西，是他的零花钱不够？还是受人指使或胁迫？抑或是物欲诱惑……心理学家认为，孩子产生偷窃行为大致是由这几种心理因素造成的：强烈的占有欲、冒险心理、自觉花钱的理由不正当、虚荣心强等。

因此，当妈妈知道了儿子偷窃的原因后，就要找出好的引导方法来纠正儿子的不良行为。

方法一：帮男孩分析问题，让他认识到偷东西是可耻的

有一个14岁男孩的妈妈遇到了这样的问题：

5年前，我离婚了，儿子归我。说实话，我儿子算是乖巧懂事，但是最近发生了一件很让我头疼的事，上个星期我发现他从我包里偷拿了500元钱，开始不承认，还好被我及时发现，当时我狠狠地批评了他。儿子承认了错误，说下次不会了。可是昨天我发现包里又少了200元钱，晚上回来，我问了他，200元被花掉100元，说是请同学玩儿花了。我狠狠地揍了他一顿，这次儿子又保证说下次不这样了。我真不知道该怎么办了。

遇到上述问题，妈妈要让儿子明白偷窃是一种可耻的行为，很可能会毁了他的一生，还要告诉他，只要是合理的需求，妈妈都会满足，不能通过偷窃来获得自己想要的东西。

方法二：尊重男孩的人格，给他改正错误的机会

天运14岁了，上初二，平时在妈妈的眼里，他是一个非常听话和学习努力的孩子。可是有一天，隔壁商店的老板怒气冲冲地找到天运的妈妈说："您还管不管您家儿子了，我已经看到他几次偷偷从后门进去偷我们家东西，这要是长大了还得了！"妈妈一听，当

时就火冒三丈，不但当着这个老板的面狠狠地臭骂了儿子一顿，而且晚上还不许儿子吃饭。天运心里有一股怒火，当天晚上就砸烂邻居家的房门，离家出走了。后来，还是在警察的帮助下，才找到他。

妈妈在纠正男孩的偷窃行为时，首先应该尊重男孩的人格，切不可一时冲动上手就打、张口就骂，更不要把男孩曾经偷窃的事情挂在嘴边，时不时揭他的短，这样只会伤害他的自尊心，让他在众人面前没面子，进而更加灰心，甚至破罐子破摔。

所以，妈妈要尊重男孩的人格，要给他改正错误的机会，同时告诉他，改正了错误他依然是个光明磊落的男子汉。

5. 如何让男孩远离赌博

有关专家指出："家长的行为和态度会对孩子产生重要影响，所以预防青少年赌博要重点做好家长们的工作。"

除此之外，妈妈还应采取相应的教育方法来引导男孩避开赌博的诱惑。

方法一：妈妈应以身作则，不参与赌博

孙纲的妈妈平时很喜欢打麻将、玩牌九，有时甚至在家里摆上几个牌摊子，玩儿到深夜也不停手。所以孙纲的童年就是在麻将、牌九摊上度过的。后来，孙纲教会了自己的几个好哥们儿玩牌，一有时间几个人就凑在一起玩扑克、打麻将。最初，他们只是随意玩儿，可是后来他们开始赌钱，从零花钱、压岁钱，到偷偷拿家里的钱，他们越玩儿越大，而且赌博占用了他们很多时间，根本没心思

学习，学习成绩自然很差。后来，他们赌的钱越来越多，孙纲为了凑赌资，就和几个人去偷窃，结果被送进了警察局。

因此，妈妈必须以身作则，不参与聚众赌博，也不在家里赌博。妈妈平时可以多去参加体育运动、唱唱歌、游游泳等，这些健康的活动也能对男孩产生积极影响，进而远离赌博。

方法二：运用典型事件，向儿子说明赌博的危害

有一个妈妈的教育经验是这样的：

儿子最近迷上了扑克牌“斗地主”，放学之后，总是和几个男孩在院子里玩扑克。一开始，我觉得他们玩扑克很正常，但是后来我发现他们竟然学着赌钱，于是，我就让儿子上网查找有关赌博的危害等内容。看着这些内容，儿子调皮地对我说：“妈妈，您是故意让我帮您找这些内容的吧？赌博还真是害人！”我笑着说：“是啊，赌博就像吸毒一样，也会让人上瘾，而且会占用你学习的时间，影响你今后的发展。”后来，儿子只在寒暑假的时候才玩扑克，而且从不赌钱。

很多时候，让青春期男孩最直观地面对赌博带来的危害，会让他记忆深刻，进而逐渐改掉赌博的恶习。所以，妈妈不妨利用网络、电视、报刊等媒体上关于赌博危害的典型事件，向儿子说明赌博的危害。

6. 如何对待抽烟、喝酒的男孩

曾经有一份调查资料显示，初、高中生的抽烟、喝酒率每年都在大幅度上升，抽烟、喝酒对青春期孩子的生理、心理健康危害很

大，因酒后滋事的青少年犯罪率也随之不断上升。因此，青少年抽烟、喝酒的现象必须引起我们的重视。

许多研究青少年行为的专家认为，大多数男孩抽烟、喝酒的原因一般包括：

1. 好奇心作祟。青春期男孩好奇心强，看到别人“潇洒”地喝酒、抽烟，自己便想亲自体验一下。

2. 人际交往的需要。抽烟、喝酒是人际交往中不可缺少的，因此很多男孩也学会见朋友先递烟，然后在酒桌上交流感情。

3. 心理压力过大。中学时期男孩有很大的学习压力，于是希望借烟酒消愁，久而久之，就形成了坏习惯。

所以，当妈妈了解了青春期男孩抽烟、喝酒的原因后，就应该想办法“对症下药”，引导男孩戒除烟酒。

方法一：为男孩创造无烟环境

小恩是一名初二的学生，有一次他妈妈在为他整理书包时，发现了藏在夹缝里的香烟。其实像这样的情况妈妈已经发现了很多次，但儿子就是屡教不改，这让她意识到了问题的严重性。这一次，小恩的妈妈仔细询问他究竟是怎样学会抽烟的。

“我们班会抽烟的男生经常聚在一起买烟，而且他们经常在我面前炫耀，对我说抽烟的感觉有多棒，还说不抽烟的男生根本就不算是男生。他们总是拉帮结派，看谁不抽烟就故意刁难他。所以为了和大家打成一片，也为了不让那些男生笑话，我才学会抽烟的。”听了儿子的回答，小恩的妈妈感到十分担心，这样下去小恩的身体健康和学习等都会受到不良影响。

和小恩妈妈一样，很多的妈妈也有这样的担心。现在的男孩好像认为抽烟就是一种成熟的标志，是一种爷们儿的表现，而且他们还有很多的理由："我爸也抽烟""现在哪个男生不抽烟"……

男孩为什么能这么理直气壮地为自己的行为辩护？其根源就在于我们没有给他创造一个真正的无烟环境。所以妈妈要从现在开始下决心为儿子创造一个无烟环境。男孩生活在这样的环境中，就能逐渐戒掉抽烟的坏习惯。

方法二：以身作则，戒酒从爸爸开始

有一个妈妈是这样做的：

我老公平时总爱喝点儿小酒，有时候也会喝醉。我虽然说过他很多次，但他不以为意，觉得男人不喝酒、不抽烟就不是真正的男人。

不过，随着儿子年龄的增长，他也发现自己的这些坏习惯对他产生了很坏的影响，上初三的儿子竟然开始喝酒、抽烟了。为了让儿子改掉坏习惯，我鼓励老公先要改掉自己的坏习惯。于是，我们和儿子"约法三章"，从此以后，老公不会再喝一滴酒，抽一支烟，而他也要遵守这个约定。从约定生效之后，老公真的戒烟、戒酒，虽然这个过程很痛苦，但是他要让儿子看到他的决心和诚意。果然，儿子的坏习惯都渐渐改掉了。

由于青少年对酒存在一些错误的认识，或者受朋友、同学的影响，或者是因为学习、生活上的压力，进而他们希望借由喝酒来获得某种安慰。这时，父母就要给儿子做好榜样，尤其是家里有个爱喝酒的爸爸时，一定要自觉戒酒，只有这样才能给儿子正面的影响。

7. 如何防范男孩沾染吸毒恶习

现在，很多青少年为了追赶时尚、流行，不惜屡次尝试冰毒、摇头丸等毒品，甚至聚众吸食毒品。相关数据表明，2008年年底我国查获“90后”吸毒人员1.7万人，而两年之后竟然达到3.7万人。这真是一个很可怕的数字，因此青少年吸毒问题必须引起父母的重视。其实，青少年涉毒问题增多有着多方面的原因，例如，寻求刺激等。所以，预防青少年吸食毒品和对其进行反毒品教育是需要家庭和社会共同努力的。

下面给妈妈提供一些教育建议。

方法一：引导青春期男孩增强自我保护意识

据新闻报道，一名18岁的男子吴某和12名未成年人一起，在某单元房内聚众吸食毒品。第二日清晨，这些未成年人吸完毒后各自回家，可是因为面色蜡黄，走起路来晃晃悠悠正好被巡警看到。经过警方盘查，几名未成年人交代了吸毒的经过。在接下来的调查中，警方吃惊地发现，这些孩子竟然有10名都是在校高中生，而他们吸毒是为了好玩儿和刺激。而带着这帮青少年吸毒的吴某，是因为高中毕业后没考上大学，在社会上结识了一些不良朋友，最后成了一个毒瘾少年。

由此可见，交友不慎对青少年来说影响非常大。因此，妈妈必须帮助男孩增强自我保护意识，让他学会慎重交友。此外，妈妈还要让男孩对毒品的危害性有正确的认识，让他知道吸毒容易成瘾，而且难以戒除，并学会识别环境，不要去游戏室、网吧、酒吧等不适合未成年人活动的地方。

方法二：帮助青春期男孩养成良好的生活习惯

一个妈妈在网络上痛苦地写下这样一段文字：

冬冬已经16岁了，他虽然从小爱玩好动，但学习成绩一直不错。16岁的大男孩，爱打游戏机的挺多，冬冬也不例外。有一次，在游戏厅里，他认识了一群哥们儿。他们掏出一种白色粉末，围坐在那里吸，一副飘飘欲仙的样子，一下子就引起了冬冬的注意。当哥们儿怂恿他尝一口时，冬冬毫不犹豫地伸出了手。有了第一次，就有第二次、第三次……后来，为了弄钱吸毒，冬冬开始学会说谎，经常逃课，甚至骗低年级同学的钱。原本健康的儿子竟然成了瘾君子，我伤心难过之余真不知道该怎么办了。

生活中，妈妈应该帮助男孩养成良好的生活习惯，让他有一定的辨别能力，让他与毒品绝缘。例如，告诫儿子不要抽烟、喝酒，多参加健康的集体活动、体育运动，妈妈可以协助儿子规划好生活和学习，让他的生活变得充实起来。